上海新金融研究院

SHANGHAI FINANCE INSTITUTE

探索国际金融发展新趋势，求解国内金融发展新问题，

支持上海国际金融中心建设

新金融书系
NEW FINANCE BOOKS

中国P2P网络借贷：
市场、机构与模式

P2P LENDING IN CHINA
MARKET, INSTITUTIONS AND BUSINESS MODELS

谢平　陈超　陈晓文　等著

中国金融出版社

责任编辑：张　铁
责任校对：张志文
责任印制：陈晓川

图书在版编目（CIP）数据

中国 P2P 网络借贷：市场、机构与模式（Zhongguo P2P Wangluo
Jiedai：Shichang、Jigou yu Moshi）/谢平，陈超，陈晓文等著 . —北京：
中国金融出版社，2015.3
（新金融书系）
ISBN 978 − 7 − 5049 − 7899 − 8

Ⅰ . ①中…　Ⅱ . ①谢…　②陈…　③陈…　Ⅲ . ①互联网络—应用—
借贷—商业服务—研究—中国　Ⅳ . ①F832.4 − 39

中国版本图书馆 CIP 数据核字（2015）第 058328 号

出版
发行　**中国金融出版社**

社址　　北京市丰台区益泽路 2 号
市场开发部　（010）63266347，63805472，63439533（传真）
网 上 书 店　http://www.chinafph.com
　　　　　　（010）63286832，63365686（传真）
读者服务部　（010）66070833，62568380
邮编　　100071
经销　　新华书店
印刷　　北京市松源印刷有限公司
尺寸　　170 毫米 ×230 毫米
印张　　16
字数　　224 千
版次　　2015 年 3 月第 1 版
印次　　2015 年 3 月第 1 次印刷
定价　　50.00 元
ISBN 978 − 7 − 5049 − 7899 − 8/F. 7459
如出现印装错误本社负责调换　联系电话（010）63263947

新金融书系 NEW FINANCE BOOKS

中国的金融发展史就是一部"新金融"的历史，金融业的版图无时无刻不在演变、重塑。不断革新的金融工具、运行机制和参与主体塑造了不断变化的金融业态和格局。理念与技术的创新在推动金融结构演进、金融改革深化的同时，也为整个金融业的发展带来了机遇与挑战。

"新金融书系"是由上海新金融研究院（Shanghai Finance Institute，SFI）创设的书系，立足于创新的理念、前瞻的视角，追踪新金融发展足迹，探索金融发展新趋势，求解金融发展新问题，力图打造高端、权威、新锐的书系品牌，传递思想，启迪新知。

上海新金融研究院是一家非官方、非营利性的独立智库，致力于新金融领域的政策研究。研究院成立于 2011 年 7 月 14 日，由中国金融四十人论坛（China Finance 40 Forum，CF40）举办，与上海市黄浦区人民政府战略合作。研究院的宗旨是：探索国际金融发展新趋势，求解国内金融发展新问题，支持上海国际金融中心建设。

2014 年 1 月 22 日，在美国宾夕法尼亚大学发布的《2013 年全球智库报告》中，上海新金融研究院在"最佳管理"排名中位列第 29 位，是该榜单中国区第一。在其他几项指标中，研究院也处于国内领先地位。

上海新金融研究院努力提供一流的研究产品和高层次、有实效的研讨活动，包括举办闭门研讨会、上海新金融年会、互联网金融外滩论坛，开展课题研究，出版《新金融评论》、新金融书系等。

"中国金融四十人论坛"是一家非官方、非营利性的独立智库，专注于经济金融领域的政策研究。论坛由 40 位 40 岁上下的金融精锐组成，即"40×40 俱乐部"。本智库的宗旨是：以前瞻视野和探索精神，致力于夯实金融学术基础，研究金融领域前沿课题，推动中国金融业改革与发展。

新金融书系编委会

序言

2014 年，互联网金融行业在繁荣壮大的同时，也暴露出发展初期存在的一些问题。P2P 网络借贷作为最能体现互联网金融特征的新型金融组织形式，越来越受到国内外市场的关注和认可。2014 年 12 月 12 日，全球最大的 P2P 借贷平台 Lending Club 成功登陆纽交所，市值达到 90 亿美元左右。与此同时，我国不少金融机构及产业资本也对互联网金融进行了相关战略布局，而政府决策层也积极释放明确信号，鼓励互联网金融健康发展。虽然目前 P2P 网络借贷发展中存在一定的问题，但随着互联网信息技术的发展、社会征信体系的健全，P2P 终将迸发强大活力，逐步通往理性的繁荣之路。

P2P 是最能代表互联网金融的一种安排

理解 P2P 需要想象力。P2P 并非只是一种技术手段，而是理念与方法的革新。狭义的 P2P 是指 P2P 网络借贷，即债权众筹；广义的 P2P 是指参与者之间通过互联网直接达成的任何金融交易行为，包括各种金融产品的类众筹、P2P 换汇甚至网络慈善筹款等，其主要特征是互联网技术推动下的金融脱媒。金融产品需求者在互联网上通过不同的 P2P 平台寻找金融产品的提供者，以达到风险和期限的匹配，此时互联网就是一个以个体为中心，以关系为纽带，囊括信息、交易的自组织金融市场。

P2P 是最能代表互联网金融的一种新型金融组织形式，互联网连接一切、高速匹配、海量信息以及边际成本趋向零的特征，使得 P2P 具备任何一种传统金融体制不能比拟的优势：

一是极大地扩大了金融交易边界，有效降低了金融活动的交易成本。目前的金融体系均受到交易成本的约束，唯独 P2P 市场可突破交易成本的约束。其边际成本趋向零，使得 P2P 更加适合解决小微贷款、完成跨区域贷款等短平快的金融交易，实现资金快速周转。效率上得天独厚的优势，使得 P2P 网络借贷市场在理论上可以成为信贷资源配置效率最高的市场。

二是最能体现互联网金融的精神。金融是每一个人都应该获得的服务，金融不应贵族化，而互联网精神的核心恰恰是自由、开放、平等、共享、大众化、民主化、去中心化，对于传统金融而言，其精神通常和资本的逐利性联系在一起，导致富者更富。互联网金融的特性无疑可以更好地实现人人平等这个目标。正如 2013 年诺贝尔经济学奖获得者罗伯特·席勒曾指出的，金融的大众化将原本仅有华尔街客户享有的金融服务特权，传播给沃尔玛的客户。

从目前来看，P2P 网络借贷市场是最能体现金融民主化和大众化的金融市场，使得信用好的个人可以获得与大企业利率相当的贷款，普通民众可以像专业金融机构一样参与放贷，实现自己的金融权利，即使不参与信托等高门槛理财产品，也可享受同等的利率回报。

三是促进了金融市场化进程，加快金融脱媒的趋势。不论是理论上还是从发达国家的金融发展史来看，金融机构从来不应是暴利机构，P2P 作为具有强烈互联网属性的新生金融力量，可加快金融脱媒的过程，从而有效降低社会资金成本，更有利于实体经济发展。从短期来看，P2P 从事的还是"新瓶旧装"的信用中介业务，但是在我国金融管制的大背景下，这种初期形式的 P2P 为我国存在了千百年的民间借贷赋予了新的活力，弥补了长久以来我国传统金融中小微贷、高收益债的缺失，对促进传统金融机构由垄断走向竞争、推动利率市场化、倒逼监管改革、减少金融管制、减轻金融压抑等均有重大的意义。

三大因素促使 P2P 迅速发展

目前，P2P 规模虽小但增长迅速，究其快速发展的原因，可以发现三大因素催生了 P2P 现阶段的繁荣：一是信息技术、移动互联、第三方支付等技术因素的大发展；二是金融监管的放开，目前对 P2P 并无特殊监管，丰厚的利润吸引了大量 P2P 平台的建立；三是细分市场的需求，对民间借贷等小微贷或高收益债的大量需求，直接反映在 P2P 贷款余额的增加上。目前中国的 P2P 更多体现的还是民间借贷的网络化，属于特定阶段的产物。

P2P 发展的核心障碍是征信系统不健全

数据基础和外部监管，是 P2P 网络借贷健康发展的前提条件。目前中国 P2P 处于发展的草莽时代，出现了鱼龙混杂的局面，"跑路"、倒闭情况不断，社会上也出现了各种质疑声音。造成这种情况的原因，一是监管缺位、准入门槛较低；二是我国的征信系统尚待完善，P2P 平台缺少海量的大数据基础，从而制约了网络借贷的信用评估、贷款定价和风险管理，成为目前 P2P 发展的核心障碍。

赢者通吃的特征使得 P2P 平台必须把握先发优势，对 P2P 平台来说，首要任务是要活下来，要想活下来就必须扩张规模。由于数据基础薄弱及面临的激烈竞争，P2P 在发展初期必然要进行担保，并进行大量的线下尽职调查，造成现阶段 P2P 的运营成本较高。在这种情况下，一些 P2P 网站不得不采取本金担保、提取风险准备金、委托专业放贷、债权转让及对接理财资金池等措施，不免触及监管红线，同时由于道德风险和违约风险的存在，短期的流动性问题促使一些 P2P 平台选择了"跑路"。

然而这些问题会随着数据的积累而改善，一是我国正在逐步完善社会征信体系；二是 P2P 自身的数据也在不断积累。当 P2P 的重复博弈足够多的时候，P2P 的发展将与其数据积累之间形成正向回馈机制，交易成本自然会下降。在大数据背景下，参与 P2P 的投资者越多，数据积累就会越多，海量数据将支持 P2P 平台更加精准地把握风险，走向正常运营，从而降低坏账率水平和运营成本，实现去担保化，成为完全的信息中介；而部分采用信用中介形式的 P2P 平台也可以随着金融管制的放松，凭借自身多年客户及经验的积累，成为民间资本设立银行的一种模式，更进一步推动传统银行市场化的改革。

P2P 监管应以数据为基础

P2P 监管始终要以数据为基础进行信息监管。目前，中国的监管理论完全是针对银、证、保等传统机构而设置，包括宏观审慎监管、微观审慎监管、资本充足率以及流动性监管等，在一定程度上并不适用于诞生于互联网的 P2P 形态。以高门槛以及资本充足率等为主的传统银行监管手段去要求 P2P，可能与其互联网精神的初衷背道而驰。

作为信息中介，P2P 监管应采取类似于直接融资的充分信息披露原则，关键是信息充分公开，包括股东信息、交易程序、管理层构成、交易记录备份等，让任何投资者都可以在网上查询到。可以采用现代信息技术，特别是利用好搜索引擎的作用。部分监管任务可以外包给专业的 IT 公司来完成，具体的监管工作不一定必须由监管机构负责。另外，更加重要的是，监管部门要负责监管规则的制定和不断完善，对监管任务执行机构的行为进行督查，对相关从业机构的违法违规行为进行事后处罚，减少各类风险事故的发生，缩小风险出现后波及的市场范围。

P2P 将改变传统金融模式

目前我国 P2P 本质更接近互联网小微贷，只是我国金融市场的一个重要补充，更接近一个边缘的金融市场，还远远不能撼动我国传统的金融体系。然而正如凯文·凯利说的那样，创新往往发生在边缘地带，最为明显的事例是电子商务对于零售、拍卖等传统行业的冲击。互联网行业在刚开始进入这些存活多年的传统行业时，看上去都比较边缘化，一开始只是占据一个小板块，但慢慢就会侵占整个渠道，进而倒逼传统机构改革。在互联网和金融的融合过程中，例如第三方支付以及 P2P 的大发展，就有可能控制银行存款渠道进而倒逼银行改革。因此我们强调，对待互联网金融要有想象力。虽然未来是不能预测的，但是世界潮流发展的大趋势可以把握，对金融体系来说，理想中的市场应该是平等、自由、便捷、高效、信息不对称程度及交易成本大幅降低的、更加有效的金融市场，不论从理论上还是实际需求或者科技进步的发展方向上来说，这都是不可逆转的趋势，而互联网金融特别是 P2P 的运作方式更符合这个发展方向，这里我们借用美国科幻小说家威廉·吉布森的说法，"未来早已到来，只是还未普及"。

随着互联网技术的发展，P2P 会做得越来越大。P2P 的发展取决于信息技术的发展速度。未来随着移动互联网、第三方支付、信息积累和处理技术以及人工智能等科学技术的快速发展，互联网金融将迅速从低基数水平快速增长。

未来的 P2P 不只可以在"P"的内涵上扩大，交易产品也将更加丰富。P2P 不仅仅是一个小额网贷市场，类似网贷的派生业务未来将在 P2P 市场上慢慢变大，会派生出许多类似 P2P 的包罗万象的其他金融业务，例如在 P2P 基础上的非标资产交易、个人和个人的交易行为、类众筹业务等，任何金融产品的撮合都可以在 P2P 平台上达成。这时的市场更接近充分有效市场，一旦达到充分有效市场以后，P2P 对信贷配置的功能会越来越强大，资金运转更加有针对性，信者有其贷，金融的细分市场将做到极致，最终实现金融资源的优化配置，有效地支持实体经济发展。

在这种信息不对称程度极低的情况下，不同风险的市场均衡价格将会实现，由内幕消息等特权途径获得超额收益的机会将微乎其微，通过纯粹的资本运作一夜暴富终将变成神话，这更符合金融市场作为服务实体经济的基础功能性市场的定位，自由平等的大众化精神将得到充分体现。

届时每个人对金融产品的价格会有更一致的认识，金融产品不再是晦涩的结构复杂化产品。未来，挑选金融产品就像买卖日常用品一样方便，只需根据个人口味和风险偏好水平来挑选；金融专家的作用更多地体现在金融基础理论的研究上。这便是我们理解的 P2P 市场，而这只有依靠互联网才能做到。

本书是 2015 年度博鳌亚洲金融论坛年会"互联网金融报告"课题组辛勤工作的集体成果。自 2014 年以来，我承担了两届博鳌亚洲金融论坛年会《互联网金融报告》项目。这一项目得到《博鳌观察》和陆金所的大力支持，《博鳌观察》的宋功武、欧阳海燕、王艺潼和马文霄对项目执行、访谈安排及质量控制等方面做了不少细致深入的工作。项目执行的具体分工上，陈超负责项目执行，对报告的技术路线、进度管理、访谈设计和内容安排作出了主要贡献。陈晓文负责报告的汇总、校对以及各章内容协调等主要工作。此外，课题组成员还包括邹传伟、刘海二、倪经纬、田薇、杨硕、刘利红、高翔、苗文龙、石午光、张德进、计葵生、范如倩、周群等。

过去 2 年，为充分把握互联网金融行业的最新发展趋势，课题组还在北京、上海等地举办了多轮行业研讨会，先后邀请了 30 多名互联网金融行业的专家、学者与会，并对多家国内外机构进行了访谈。对外经济贸易大学的肖瑶、王强、李晨、李琳琳、胡雨婷和潘炜等在会务安排、访谈采编等方面做了不少工作。在美国出访期间，我也带队对 Lending Club、Bankrate 等国际互联网金融企业进行了拜访。我们对参与访谈与研讨的专家、学者们表示衷心的感谢。

　　自 2012 年我在中国金融四十人论坛（CF40）举办的"金融四十人年会"上提出"互联网金融"概念以来，互联网金融发展如火如荼，创新层出不穷，研究百花齐放。我还承担了上海新金融研究院关于互联网金融研究的内部课题，并出版了《互联网金融手册》。在 2014 年 7 月的"上海新金融年会暨互联网金融外滩峰会"上，我就"P2P 网贷的价值与监管"发表了演讲。本书的出版也得到了中国金融四十人论坛和上海新金融研究院的支持，对此我们深表感谢。

　　互联网金融是一个开放世界，诸多问题尚无定论，唯有百家争鸣，方能去伪存真。期待更多的朋友投入到互联网金融领域的研究与实践中，推动中国金融业的进一步创新与发展。

谢平

课题主持人

中国投资有限责任公司副总经理

2015 年 3 月

目 录

第一章　2014—2015 年互联网金融的发展与新趋势

纵观近些年来科学技术的发展，信息技术可谓在众多学科领域中异军突起，提前跨入未来信息时代，其大发展甚至掩盖了其他学科的驻足不前。尤其互联网技术，虽然只是一门应用科学，近年来却对世界发展产生了最广泛而深刻的影响，而且这一进程还在加速，越来越多地渗透入生活的方方面面，极大改变了人的消费、社交等习惯。

互联网金融对传统金融的变革，主要体现在互联网技术带来的风险收益匹配的低成本和高效率上，金融参与各方直接交易，体现的是共享、平等、公开、透明、自由的精神，在这个正反馈的过程中，市场将更加有效，主体更加扁平化，金融管制给传统银行等机构带来的垄断优势将逐渐淡化，从而改变金融机构的组织运营方式，最终改变传统金融机构在资源配置中的核心主导定位。

近一年中国互联网金融主要的标志性事件有如下几项：

一是直销银行涌现。近一年来，为应对互联网金融的冲击，股份制银行和城市商业银行纷纷设立直销银行业务，依托网络、手机、电话等渠道为客户提供金融产品和服务，包括北京银行、民生银行、兴业银行、浦发银行、华夏银行、上海银行、平安银行、珠海华润银行、重庆银行、包商银行、南京银行、江苏银行、恒丰银行等多家银行的直销银行在 2014 年上线。另据了解，四大国有商业银行中，工商银行、建设银行也正在紧锣密鼓地推出直销银行模式。

二是首家纯粹意义的互联网银行上线。2015 年 1 月 4 日，李克强总理视察前海微众银行，并寄语互联网金融银行以自己的方式倒逼传统金融机构改革。

三是阿里巴巴在互联网金融领域多线布局，凭借自身产业链在内的已有用户信息，创新大数据信贷。2014 年 10 月 16 日，阿里小微金融服务集团以蚂蚁金融服务集团的名义正式成立，旗下的业务包括支付宝、支付宝钱包、余额宝、招财宝、蚂蚁小贷和网商银行等。

四是大数据征信初现曙光。2015 年 1 月 5 日，人民银行印发《关于做好个人征信业务准备工作的通知》，要求腾讯等八家民营机构做好开展个人征信业务的准备工作。

五是 P2P 模式受到了国有企业的认可。众多国资甚至商业银行进军 P2P 网络借贷领域，包括上海国资委直属投资机构背景的"保必贷"、北京市海淀区国有企业背景的"海金仓"、招商银行的"小企业 e 家"、民生电商旗下的"民生易贷"等。

六是股权众筹得到了监管重视。据悉，证监会正在制定股权众筹融资的相关监管规则，以公开发行方式开展股权众筹融资的相关政策也正在研究中。

信息技术和互联网技术的普及近年来在社会的方方面面产生了极为深刻的影响，金融行业凭借其数字化的先天优势，与互联网的亲和力更高。不过，我们也需要看到互联网金融发展中的局限性：

一是事物发展的不确定性不会因为互联网技术的发展而改变，经济发展仍然不可避免会有周期波动，系统性风险始终存在。互联网金融的发展更需要重视金融安全、金融稳定等问题，错综复杂的互联网金融交易网络对系统性风险的管理能力要求更高。

二是人性不会因互联网技术的发展而变好。道德风险始终不能消除，这使得互联网金融现阶段更适合小贷，短期内还不能挑战传统金融机构的地位。

三是资源的稀缺性不会改变，金融专业分工依然至关重要。互联网金融加速了金融脱媒的趋势，信息更加充分、市场更接近均衡定价，获得 α

超额投资收益越来越难。在此情况下，金融人才的高层次专业能力更为重要。互联网金融改变了金融人才的需求层次，例如传统的点钞珠算人才将不再重要，取而代之的是大数据信息处理技术人才、掌握金融逻辑的风险定价人才、投资人才等。

互联网金融的优越性集中体现在海量信息处理和互通互联带来的高效率、低成本上，实现了存款、货币、投资一体化，冲击传统金融企业的核心地位，加速金融脱媒。我们应以开放的心态、创新的勇气拥抱互联网金融带来的变革。

本章整理了近一年来互联网金融的最新发展。

第一节 金融互联网化的发展与新趋势

一、发展现状

根据《互联网金融报告 2014》，金融互联网划分为五个方面，分别是网络银行和手机银行、网络证券公司、网络保险公司、网络金融交易平台、金融产品的网络销售。现实中，某家机构的互联网化可能同时涵盖以上五个方面，并且金融互联网化逐渐向 P2P、基于大数据的征信和网络借贷等领域拓展，互联网金融六大形态之间的界限越来越模糊。

网上银行和手机银行业务在中国起步较早，发展较好。根据易观智库数据估计，2014 年上半年手机银行客户交易规模达到 11.53 万亿元人民币，同比增长 117.3%。从市场份额上看，传统的工商银行、农业银行、中国银行、建设银行四大行在网络端和手机端份额均超过了 6 成，占据市场的主导地位。但从发展增速看，民生银行等股份制商业银行的手机端业务发展迅速，2013 年民生银行手机端交易突破万亿元人民币，其市场份额在 2014 年上半年已超过农业银行跃居市场三甲。

金融互联网化的其他各方面呈现出百花齐放的特点。如在网络保险方面，网购退货险、高温险、情人节意外怀孕险等一批基于互联网的保险产品组件涌现，同时基于网络大数据的保险定价模型也逐渐被引入保险行业中。网络证券方面，虽然目前证券互联网化还受到转户成本高、证券交易制度限制等方面的制约，但随着证券网上开户政策的放开，传统依靠柜台交易的经纪类业务生存的公司将面临巨大的经营压力，证券投资网络"低佣金"的时代正在逐步到来。网络交易平台和网络基金方面，随着其规模持续增长，投资者逐渐开始接受经由网络路径进行的投资理财交易。此外，一些其他金融互联网化产品，如网络金融产品搜索引擎等也逐步进入了公众视线。

二、趋势展望

未来，金融互联网化将呈现出一些重要趋势：一是手机银行和网络银行将进一步便捷化，如手机银行与网络银行推出快捷支付；二是传统的金融业务将更加网络化，除了金融产品的网络销售外，部分金融机构开始发力 P2P、互联网众筹以及电商金融，甚至出现了没有物理网点的网络银行，比如微众银行（主要依托社交网络数据）；三是大数据在金融互联网化中的作用将会越来越大。小到个人的水、电、煤气费的网上银行支付，大到个人收支消费模型的建设等等，大数据已经渗透到金融互联网化的每一个细胞之中。

未来，随着信息技术的发展，金融机构将逐渐互联网化，互联网公司也将逐渐金融化，二者将呈现出融合的趋势，各个行业的边界可能会逐渐模糊。从现在发展来看，一些传统银行、证券公司已经开始涉足电商等非金融行业；同时阿里、苹果等非金融行业企业也开始进入支付、贷款等金融领域。非互联网时代存在的行业壁垒正在逐渐打破。

在大融合的时代中，业务中各个环节的利益衍生效应逐渐加强[①]。淘宝

---

① 利益衍生效应主要是指整个产业链中，某一个环节点的快速发展将会对整个业务链条中的其他相关衍生行业产生正面效应。

2014 年的"双 11"购物就创下了 637 亿元的销售额记录。网络销售的爆棚也同时推动了链条上其他行业的增长，淘宝 2014 年"双 11"当天造就了超过 5 亿件快递的天文数字；在网络保险方面，也催生了互联网保费保单双双过亿的保险业销售新高（当日平安保险总成交额近 2.12 亿元，众安保险当天保单量超过 1.5 亿件）。

第二节　移动支付与第三方支付的发展与新趋势

一、发展现状

随着信息技术的发展，支付体系发生了巨大的变革，经历了实物支付、银行卡支付到移动支付等阶段，目前处于现金（实物支付）、银行卡支付以及移动支付并存的状态，其中，银行卡支付处于主导地位，移动支付则处于起步阶段。

截至 2014 年 12 月，中国已有 269 家机构获得支付牌照[①]，包括三大移动运营商、互联网企业、证券公司等，其中，国泰君安证券股份有限公司是唯一一家获得支付牌照的券商，保险公司也在积极申请支付牌照。从各家机构对支付牌照的争夺中，可以发现支付在未来金融业中的重要性。不仅是非银行金融机构希望获得支付牌照，各类电子商务公司对此也表现出极大的兴趣。各类机构对支付牌照的热衷，主要是因为移动支付与第三方支付是互联网金融的基础设施，没有了支付，其他业务也就无从谈起。

第三方支付帮助客户快速实现货币支付、资金结算等功能，因而受到市场欢迎，取得了飞速发展。来自艾瑞咨询的数据显示，截至 2014 年第三季度，中国第三方互联网支付市场交易规模达 20154.3 亿元，同比增速为

---

① 资料来源：中国人民银行网站。

41.9%，环比上升 9.5%。交易规模份额中，支付宝占比为 49.2%，财付通占比为 19.4%，银商占比为 11.6%，快钱占比为 6.9%，汇付天下占比为 5.3%，易宝支付占比为 3.2%，环讯支付占比为 2.7%。

移动支付由于能够摆脱时空的限制，其发展也很迅猛。截至 2014 年第三季度，第三方移动支付交易规模呈现稳中有升的态势，交易规模达到 14332.7 亿元，环比增长率为 7.8%，同比增长达 415.5%。其中，支付宝凭借阿里的电商生态，获得了 82.6% 的市场份额，市场占有率进一步提高，支付宝在移动支付的霸主地位越来越稳固。财付通则通过微信支付和手机 QQ 支付，利用其在社交网络领域的优势，获得了 10.0% 的市场份额，位列第二。现实中，多数第三方支付都开通了移动支付功能，第三方支付、移动支付发展迅速，而银行推出的手机银行由于交易程序复杂，导致其发展速度较第三方支付、移动支付稍逊一筹。

在短期内，移动支付仍以移动互联网支付为主。来自艾瑞咨询的数据显示，2013 年远程移动互联网支付在整体移动支付中的占比达到 93.1%，近场移动支付占比为 0.8%。从中可以发现近场移动支付的占比还很低，未取得实质性突破，仍存在很大的发展空间。随着以二维码为代表的支付介质的兴起，以及个人账户的逐步集成，这一现状将逐步得到扭转。

二、趋势展望

移动支付与第三方支付在未来可能会取代现金与银行卡，成为主要的支付方式，并且移动支付与第三方支付将会逐渐融合。移动支付与第三方支付的优势在于交易成本低、方便快捷，并且移动支付与第三方支付还可以同时具有金融商品的属性，能够随时在作为支付手段的货币与金融商品之间进行转换，并且转换成本非常低，在某种程度上交易成本可以忽略不计。

此外，个人账户的集成也将推动移动支付与第三方支付的发展。随着互联网金融的兴起，个人的金融账户不再专属于传统金融机构，一些互联网公司也可以提供，如支付宝账户、QQ 账户等。并且个人账户也呈现出集成的趋势，比如支付宝逐渐向第三方应用开放账户体系（如丁丁优惠、iReader 等）。此外，微信支付也逐渐向第三方应用开放。

　　未来，移动支付与第三方支付将呈现出如下特点：一是支付介质多样化，如二维码、条形码、指纹、人脸、掌纹、光子、NFC、蓝牙、WiFi等；二是支付终端离散化，如手机、iPad、POS 机等；三是支付场景生活化，如购物、出租车、公交、水电气费、医院等与人们日常生活紧密相关的领域。

第三节　互联网货币的发展与新趋势

　　2014 年，互联网货币的发展可谓悲喜交加，一方面，曾经是全球最大的 bitcoin（比特币）交易网站 Mt. Gox 于 2014 年 2 月破产，严重打击了bitcoin 等互联网货币持有者的信心，bitcoin 的价格 2014 年严重下滑，跌幅超过一半；另一方面，bitcoin 的兑换和交易量在 2014 年持续增加，比2013 年增长了 50% 以上，bitcoin 创业公司获得 3 亿美元左右的风投，比2013 年多了 2 亿多美元。其中，以 bitcoin 为代表的虚拟货币呈现出四个方面的新特征：

　　第一，商业化成为 bitcoin 等虚拟货币发展的重要推动力。我们注意到，越来越多的大企业，比如戴尔、微软等机构，已接受 bitcoin 支付。为了应对 bitcoin 价格波动的影响，出现了更多的新应用。有两个实例，一个是市场交易价格提示，另一个是实时货币转换服务。市场交易价格提示是，同时提供一般货币和 bitcoin 的商品价格，让消费者自行选择交易方式。实时货币转换服务是，消费者通过 bitcoin 支付商品，中间交易商会将 bitcoin 实时换算为一般货币支付给商家，bitcoin 的价格波动由中间交易商承担。

　　第二，bitcoin 等虚拟货币引领支付方式创新。正如全国人大常委、财经委副主任委员吴晓灵所指出的，在目前的情况下，算法货币怎样和现在的金融体系很好地结合，进一步改进支付体系的支付清算服务，是值得研讨的方向。Ripple 可以代表一种基于 bitcoin 原理的新的支付方式。XRP 是 Ripple 网络内部的交易媒介，但 Ripple 支付并不局限于特定货币。在设定支付网关和外汇市场充分有效的前提下，Ripple 还支持不同货币的自由支付。比如在跨国支付中，消费者可以在 Ripple 中使用本国货币，商家可以根据自身偏好选择接收美元、日元或者其他货币。

第三，bitcoin 等虚拟货币的合法化有了新进展。对 bitcoin 交易征税的问题是一个焦点。由于缺乏有效的监管，目前 bitcoin 交易无需缴纳相应税费，这迫使监管当局考虑制定适应 bitcoin 等新型货币的税法。挪威、德国、新加坡等国家发布了相应税收的条款。值得一提的是，在美国，bitcoin 等虚拟货币的合法化进程取得了显著进展。2014 年 6 月底，加州州长 Jerry Brown 正式签署了 AB－129 法案，该法案呼吁废除《加州公司法典》第 107 节，即禁止公司和个人创建货币的非法定形式。这为 bitcoin 等虚拟货币在加州的合法化进程铺平道路。图 1－1 是加州法案制定过程。

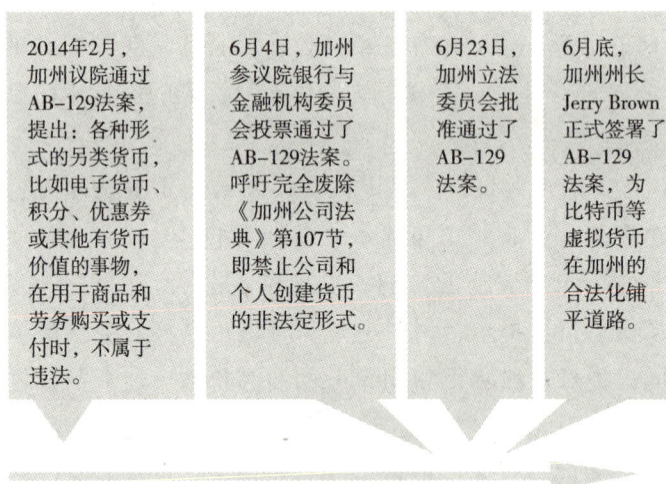

2014年2月，加州议院通过 AB-129法案，提出：各种形式的另类货币，比如电子货币、积分、优惠券或其他有货币价值的事物，在用于商品和劳务购买或支付时，不属于违法。	6月4日，加州参议院银行与金融机构委员会投票通过了 AB-129法案。呼吁完全废除《加州公司法典》第107节，即禁止公司和个人创建货币的非法定形式。	6月23日，加州立法委员会批准通过了 AB-129法案。	6月底，加州州长 Jerry Brown 正式签署了 AB-129法案，为比特币等虚拟货币在加州的合法化铺平道路。

图 1－1　加州虚拟货币合法化进程

第四，bitcoin 等虚拟货币的监管机制进一步完善。目前，虚拟货币被视为一种特殊商品，其监管性质主要是商业监管。但是，虚拟货币的发行、回收可能涉及非法集资和非法金融活动，其买卖过程可能用于洗钱。因此，虚拟货币的监管还涉及金融监管的问题。

2014 年颁布的纽约州虚拟货币监管框架（BitLicenses）是一个比较完整的针对虚拟货币的金融监管条例。框架包含六方面内容：第一，关于虚拟货币的定义；第二，定义了虚拟货币商业行为，从事该行为的企业需要获取许可；第三，关于商业化应用中的流动性要求，即机构或个人需持有特定数量的虚拟货币以应对流动性风险；第四，关于反洗钱和客户身份识别；第五，关于消费者信息披露；第六，关于消费者遭遇欺诈后的损失补偿。普遍认为，制定虚拟货币监管条例，是虚拟货币正常化推广和普及的重要举措，但具体而言，判断纽约州虚拟货币监管框架是否有利于促进虚拟货币的发展，尚有待时日。

第四节　大数据在征信和网络借贷中的发展与新趋势

一、大数据在征信运用中的最新实践

（一）数据来源拓展

大数据使征信数据来源呈现多元化、多层化和非结构化的特点，能够更加全面和真实地反映信息主体的信用情况。征信机构从政府部门、金融机构等实体机构中采集信息，转向从互联网等虚拟世界中获取信息。数据采集的广度和深度不断拓展，征信数据量将包括证券数据、保险数据、商业信用数据、消费交易数据和公共事业缴费数据等。

大数据时代的到来为全民征信提供了可能性，此前的数据分散给不同的渠道和不同的人，而没有形成互通。大数据时代，数据的互通变成一种必然。当个人的诸多数据被归拢到一个平台上，运用数据的交叉比对就能够真实地了解到个体户、小微企业的运营情况等信息，从而真正做到"点数成金"。

（二）数据挖掘技术创新

大数据本质上是对数据的高效存取、分析。数据挖掘技术是利用大数据的重要手段，随着可获得的数据量呈几何倍数增加，征信机构通过深度挖掘和使用这些数据，就可以极大地拓展征信产品的种类，满足社会各界的需求。

征信产品按满足层次高低的不同，可以分为宏观、中观和微观三个层面：宏观层面，征信机构通过大数据分析可以对系统性、全局性的风险信息进行预测；中观层面，征信机构的海量数据包含大量时效性和政策含义都很强的信息，可以灵活多样地进行多维度组合分析。把这些信息整理和挖掘出来，建立对应的指数体系，有助于行业监管；微观层面，在信用主体（包括企业和个人）同意的前提下，征信机构可以提供每一个信用主体的信用报告、信用评分、身份验证、欺诈检测、风险预警、关联分析等多种数据服务。

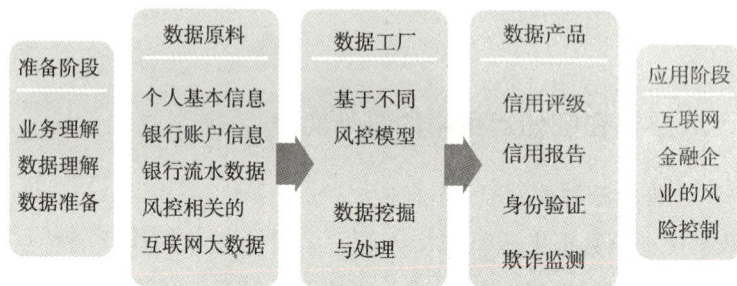

准备阶段	数据原料	数据工厂	数据产品	应用阶段
业务理解 数据理解 数据准备	个人基本信息 银行账户信息 银行流水数据 风控相关的 互联网大数据	基于不同 风控模型 数据挖掘 与处理	信用评级 信用报告 身份验证 欺诈监测	互联网 金融企业的风险控制

图 1－2　大数据加工过程图解析

（三）几种新兴的基于大数据的信用评估模式

1. 宜信宜人贷利用社交活动所形成的数据分析

宜信宜人贷借助数据分析，实现征信的自动化、数据化，提炼用户的个人基本特征、消费行为特征等，利用社交活动所形成的数据分析来客观评价一个人的信用度，从而判断其还款能力和欺诈风险。通过采集借款人各个维度的数据判定其违约成本，并给出可以贷款的额度和相应的风险定价，从而实现纯线上的 P2P 模式，减少平台企业的运营成本。

2. 信而富的三维度信用评估

在征信数据采集的过程中，信而富公司对每个借款个体采集的数据项都超过 1500 个。通过这些数据，信而富试图回答三个问题：借款人的还款意愿、还款能力以及稳定性。

具体而言，公司的自动化授信决策引擎主要有三个维度的依据：第一，借款人在给定时间内，还款的可能性是多少；第二，该申请从根本上来说，有多大可能性是假的；第三，这笔借款预测风险调整后的收益是多少，就是借款人借到钱后可以为出借人贡献多少收入。

在数据分析时，信而富会从大量的"细枝末节"中寻找线索。比如，在 1500 个数据项中，公司会关注申请人的邮政编码最近 12 个月是否变更过，关联的信用卡张数是否有变化，最近 3 个月、6 个月的信用卡消费总额、交易类别与交易次数是否出现异常等。将这些数字进行各种各样的多维度汇总后，信而富可以完整地展现申请人在各个时间点的行为特征，并基于此为贷款申请自动打分。在此基础上，公司会根据不同的借款类型、地区和贷款用途等，组成一个网状的决策机制，最后采取相应的授信策略。

信而富公司的海量客户数据库以及在此基础上建立的成千上万个数据模型，涉及到获取客户、客户风险管理控制等环节，通过模型可以研究客户的偿还能力、经济收益能力并采取相应的授信额度。在不断的放贷过程中，公司也可以根据本土化的变量因素进行调整，不断优化信贷模型。通过数据集市以及数据分析，信而富了解客户的征信报告查询次数与逾期率的相关关系，并据此采取相应的授信政策。在一定的逾期率水平下，信而富通过风险数据分析，来判断目前的授信余额是否可以承受，当风险曲线开启了自动预警，信而富就可以停止授信，将逾期情况控制在较为安全合理的状态。

3. 九次方的大数据挖掘技术

九次方大数据企业征信平台利用互联网大数据挖掘技术，采集互联网全部与企业相关的信用指标，比如企业违法违规信息、行政处罚信息、客户投诉信息等等，并协助政府搭建当地的企业征信大数据平台。目前，九次方大数据平台已经汇集了 40 多个产业链、8000 多个行业、40000 多个细分市场、500 多个城市的 750 万家企业。九次方为每家企业设立 70 多项指标，并能够交叉分析，从而产生更加客观的信用体系，减少了人为的信用判断，形成了独特的"大数据 + 金融互联网 + 企业征信大数据 + 产业链社交"企业综合信用征集和评价体系。

二、基于大数据征信的网贷风险控制

（一）利用大数据征信进行风险定价的优势

网络借贷最直接的体现就是借款客户数量众多，采用银行传统信审模式，在还款能力、还款意愿等难以统一量度的违约风险判断中，风控成本会高至业务模式难以承受的水平。

通过大数据分析，借助非线性逻辑回归、决策树分析、神经网络建模等方法建立数据风控模型和评分卡体系，并将其固化到风控审批的决策引擎和业务流程中来指导风控审批业务的开展，能降低依靠人工审核造成的高成本，解决人工实地审核和判断所带来的审核标准不一致的问题。

在国内，目前包括人人贷、鲁班贷、拍拍贷都在积极推动数据化风控模型的建设。美国专门从事信用小微贷业务的 Capital One 是最早利用大数据分析来判断个人借款还款概率的公司，在 2008 年金融海啸中，Capital One 公司也凭借其数据化风控能力得以存活并趁机壮大起来。

大数据风控必须符合两个特征：一是平台对用户有足够强的黏性，如阿里系的电商。阿里的体系相当于给电商提供了生存发展所需要的水、空气、养分，正因为这种生态圈，让阿里电商必须遵守阿里的游戏规则，使用阿里提供的各种产品和服务，这样的黏性让阿里风控达到最佳效果；二是大数据要做到即时更新，如阿里商家每一笔交易都在后台随时更新，任何一个卖家申请贷款，都可以根据当时及过往几年的数据做动态数据分析，从而让大数据风控更精确有效。

风控相关大数据	代表企业或产品
电商类网站大数据	阿里、京东、苏宁
信用卡类网站大数据	我爱卡、银率网
社交类网站大数据	新浪微博、腾讯微信
小贷类网站大数据	人人贷、信用宝
支付类网站大数据	易宝、财付通
生活服务类网站大数据	平安一账通

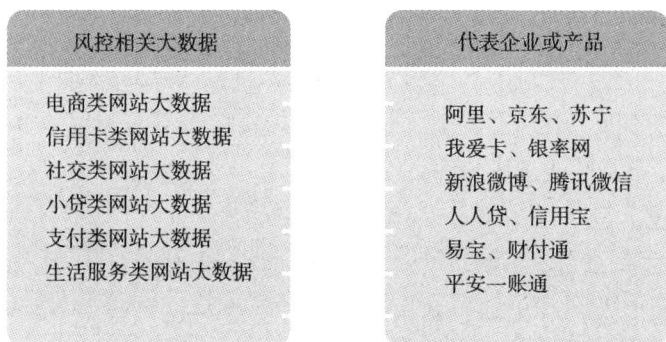

图 1 - 3　互联网海量大数据中与风控相关的数据

（二）大数据在网贷风险控制中的实例分析

1. 阿里的网贷风控体系

阿里通过电商平台阿里巴巴、淘宝、天猫、支付宝等积累了大量交易支付数据作为最基本的数据原料，再加上卖家自己提供的销售数据、银行流水、水电缴纳甚至结婚证等信息，作为辅助数据原料，汇总后输入网络行为评分模型，进行信用评级。阿里体系的商家如果需要贷款，则阿里的后台通过商家过去几年的经营流水，对商家做出风险定价，计算出额度，并给予贷款。2010 年，阿里巴巴针对平台上的卖家设立了小贷公司。在对商户的历史交易流水进行分析和定量后，阿里小贷的坏账率由 2010 年的 10% 下降到了 2013 年的 1% 左右，2014 年上半年虽冲破 1%，但仍远低于互联网金融行业 5% –6% 的坏账率水平。

2. 拍拍贷风控模型

拍拍贷建立了完整的风控流程，分为三个系统：反欺诈系统、信用评级系统模型和基于信用评级的风险定价模型。

以信用评级为例，拍拍贷建立了 18 个非常详细、复杂的模型。根据借款人的基础信息，平台会选择一个适合的模型对其进行信用评估。拍拍贷信用风险识别模型除包括传统的衡量个人信用的基础信息，如社会关系、负债情况等七八十个维度外，还包括互联网上的各种数据，如社交网络数据等。

目前，拍拍贷评价用户违约成本的数据维度多达近两千个，平均下来每个人的参考因子有四百多个。而且，拍拍贷根据不断扩大的客群和数据，还在进一步丰富和改进风险评估模型。

3. 领英公司（LinkedIn）的大数据风险定价

领英公司（LinkedIn）2012 年用社交媒体数据和支付数据完善了公司的消费者内部信贷评分模型。利用该模型，领英公司大幅提高了信贷质量，降低了信贷风险。表 1-1 为该公司运用该模型，完全利用 Facebook 社交数据对潜在借款者进行的分类。该模型将借款者根据预期违约率分为 10 类，违约率定义为超过还款期限 90 天以上。

表 1-1　　　　领英公司利用社交网络数据进行的信贷风险分类

得分档	百分比			指数	
	坏账率（%）	按时还款率（%）	总计（%）	坏账指数	按时还款指数
10	4.07	95.93	100	11.4	149.3
9	13.82	86.18	100	38.7	134.1
8	16.26	73.74	100	45.5	130.3
7	26.02	73.98	100	72.8	115.1
6	28.23	71.77	100	79.0	111.7
5	33.33	66.67	100	93.3	103.8
4	36.59	63.41	100	102.4	98.7
3	56.91	43.09	100	159.2	67.1
2	60.98	39.02	100	170.6	60.7
1	81.30	18.70	100	227.5	29.1
总计	35.74	64.26	100	—	—

注：坏账率：该得分档的贷款者对一项贷款逾期超过 90 天的概率。

按时还款率：该得分档的贷款者按时还款的概率。

资料来源：Facebook can now be your only source of credit information, 10 January 2014 by Erki Kert.

三、大数据在征信及网络借贷运用中存在的问题

（一）数据来源有待进一步规范

完善的大数据标准体系是推进数据共建共享的前提。目前，我国来自各行业、各渠道的数据标准存在差异，这成为阻碍数据开放和共享的关键瓶颈。建议尽快统一标准和格式，以便进行规范化的数据融合，提升大数据的整合能力，打破资源部门间的信息孤岛，从而完善信息共享机制。

（二）大数据挖掘能力有待提高

大数据分析过程中算法和建模难度很大，大数据采集得越多，审核维度越多，风控流程越复杂，而由此带来的"数据噪音"也越多，模型越失真。而且不同数据维度间的逻辑关系也有可能产生冲突。目前既懂技术又懂业务，知道如何把数据转化为商业机会的人才稀缺，这是将大数据转化为实际应用面临的最大挑战。

四、大数据在征信及网贷中的发展趋势

（一）大数据将推动征信创新

随着获取数据的方式越来越容易，大数据在个人征信中的权重有可能会高过央行的金融行为准则。目前，中国人民银行征信中心已向拥有大数据的阿里与腾讯抛出橄榄枝，欢迎它们加入征信领域。在 2014 年全国社会信用体系建设工作会议上，中国人民银行副行长潘功胜公开表示，对大数据公司进入征信市场持开放态度。预计不久的未来，大数据公司将进入征信市场。传统的征信技术导致以风险等级为特征的阶梯定价，在同一子级内，相同的借款承担相同的利息；而未来的大数据征信，则可能为每个人设定一个单独利率，可以更精确地定价风险。

（二）大数据促进网贷行业业务细分

今后的 P2P 网贷行业，一部分工作人员可能更专注于销售和线下工作的完成，但同时业内也会分化出专注于数据分析和研判的工作人员，这种

部门类似于大数据咨询机构。形成这两方面的细分，能够让专业的人做专业的事。大数据时代的到来，将会让 P2P 从业者把精力更多地从对人的管理转为对数据的分析研判，这也是对 P2P 网贷行业最大的挑战。

（三）利用大数据对互联网金融进行监管

目前美国证券交易委员会（SEC）已经把 P2P 行业纳入了监管的范畴，英国金融行为监管局（FCA）也称在 2014 年完成对有众筹性质的 P2P 公司的监管。对"一行三会"来说，监管的成本、取证、平台信息监测都是难题。如果按照传统的监管方法对千家 P2P 公司进行监管，其结果是效率低下。如果采用大数据的方法进行监测和监管，管理成本将大大降低，监管效率将大幅提高。

第五节　P2P 网络借贷的发展与新趋势

P2P 相对传统金融规模较小，但发展迅速，根据网贷之家的数据，截至 2014 年底，P2P 贷款余额已达 1036 亿元，得到了国内外市场的更多重视和认可。2014 年 12 月 12 日，全球最大 P2P 借贷平台 Lending Club 成功登陆纽交所，市值达到 90 亿美元左右，与此同时，我国一些银行在内的大型金融机构及成熟资本，也对互联网金融进行了相关战略布局，监管层也积极释放明确信号，鼓励互联网金融健康发展。

虽然目前 P2P 网络借贷发展中存在一定的问题，但随着互联网等科学技术的加速发展，P2P 将展示出其更广泛的适应性和强大活力，网贷行业规模将不断增大，并为更多投资者所认可。高盛预计，2024 年，互联网金融企业所发放的信贷规模将达到 6.8 万亿元人民币，其中 P2P 总规模可以达到两万亿元，占社会融资存量（剔除股票/债券）的 0.9%；互联网金融企业利润将增至 400 亿美元（年均复合增长率为 41%），相当于估算的 2024 年银行整体盈利的 8%。

一、当前 P2P 网络借贷行业存在的问题

（一）信息不透明问题亟待解决

P2P 发展初期信息不透明是一个十分棘手的问题。目前，关于 P2P 的数据，包括对投资者来说非常重要的坏账率、逾期率等，也均由 P2P 网贷平台自愿自觉披露，缺乏公信力，其真实性难于甄别。目前在 P2P 行业发展初期，平台诈骗、"跑路事件"层出不穷，这些乱象与行业的整体信息不透明有一定关系。

（二）缺乏必要的监管，相关法律有待进一步完善

P2P 作为一种金融创新模式，目前还未有相关金融监管，进入门槛低，导致 P2P 行业乱象丛生，甚至扰乱了整个行业的健康发展。目前，呼之欲出的行业监管细则几经推迟，可参考的监管原则也只停留在中国人民银行和银监会主要领导在非官方渠道发布的"三条红线"和"十不准"层面，国内 P2P 行业几乎处于无人监管的自由发展状态。

监管的暂时缺失，一方面为初创的 P2P 行业提供了相对宽松的发展环境，另一方面也导致行业经营不规范，平台定位偏离，行业发展方向不清晰，潜在风险不断积聚。

互联网金融和 P2P 网络借贷行业是法律风险频发的区域。从业者的道德风险、借款人的违约风险、交易平台的网络安全风险、支付风险以及个人信用信息被滥用的风险等，都有可能引发法律问题。而目前的 P2P 网络借贷行业正处于探索和发展阶段，缺乏直接对应的法律法规，需要遵循的规则散布在上百个法律、规章、司法解释或政策之中。虽然近年我国加快了相关立法工作，但目前出台的法律、法规仍然过于原则化、抽象化，导致缺乏实际操作性，并存在规则范围狭窄、公民举证困难等不足[①]。

（三）征信体系不完善是 P2P 发展的主要障碍

我国目前的征信体系主要是人民银行基于各家银行上传的信用数据搭

---

① 资料来源：黄震、邓建鹏：《互联网金融法律与风险控制》，8 页，北京，机械工业出版社，2014。

建而成，主要服务于银行同业，对于非银行金融服务机构尚未完全开放，对全社会的实际效用大打折扣。基于如此征信环境下的 P2P 平台只能自我积累征信数据，还未有与第三方机构共享或者合作的机制，征信体系的建立健全还需时日。

不健全的征信环境使得多数 P2P 平台不得不将更多的资源投入到线下，通过人工审核弥补征信信息的不足，大大降低了 P2P 平台的运行效率，使得融资成本居高不下。

（四）P2P 平台定位模糊，信息中介与信用中介并存

P2P 最早在英国出现，后在美国经历了快速发展，从这两个国家的运行机理看，P2P 平台只是提供真实充分的信息，借贷双方需根据自己的意愿进行交易，并自行承担违约风险，P2P 平台在此过程中只是发挥了信息平台的作用。2007 年，拍拍贷将国外成功模式引入中国后，一开始同样充当了信息中介的角色。但由于国内征信系统等金融基础设施远未像英美那么发达，加之国内投资人习惯了"刚性兑付"等原因，拍拍贷的发展一直受到投资人规模的限制。之后，随着大批承诺"保本保息"平台的上线，以拍拍贷为代表的纯信息平台的市场份额下降，国内 P2P 市场正演变为主要被信用中介所占据。

目前，上述两种经营模式均存在各自的问题。P2P 平台若定位信息中介，国内不成熟的信用市场使得去隐性担保的平台缺乏吸引力和公信力；但若定位信用中介，P2P 则需要具备较高的流动性管理、风险识别等经营管理能力，否则极易导致平台"跑路"甚至区域性行业风险。我们相信，随着将来数据的积累以及监管的完善，P2P 平台的定位会逐渐清晰。

（五）风险控制水平较低，抗风险能力弱

大数据风控本应该是 P2P 网络借贷平台的创新风险管理手段，但在征信不健全、监管还未完善的情况下，P2P 网络借贷平台的风险管理手段仍显不足。大部分 P2P 平台需要依靠线下的风险管理团队，或者委托第三方进行尽职调查、引入担保等手段。目前有不少 P2P 平台是由原先的小贷公司或担保公司借助互联网金融的东风摇身一变而成立的。据网贷之家统计，

截至 2014 年底，国内累计问题或"跑路"平台数量已达到 367 家，占到现存 P2P 平台数量的 23.3%，行业经营风险可见一斑。

二、市场发展趋势

资本在 P2P 网贷市场的"跑马圈地"行为加快了行业的升级发展，未来 P2P 行业的集中度将逐步提升，部分小而美的个性化平台也将出现。P2P 网络借贷市场正逐步从"春秋时代"向"战国时代"过渡。

（一）市场规模继续稳步扩大，涵盖范围更广

从 P2P 目前覆盖的小微金融贷市场来看，我国有巨大的需求市场，由于传统金融机构长久以来对该领域的忽视，小微市场的资金需求一直未得到满足，而 P2P 网络借贷的低成本高效率优势正好适合小微贷市场的发展。目前除覆盖发达城市，P2P 营销已经逐步向中小城市延伸，本地化平台也逐步涌现。

（二）资金价格逐步回归理性，呈现下降趋势

首先，随着人们对 P2P 模式的了解、接受程度的增加，大量新晋投资人进入 P2P 网贷市场，资金供给充沛，优质借款项目供不应求，一些主流平台的优质项目一经推出甚至在瞬间被一抢而空，借款利率自然随之下降。

其次，经过 P2P 网贷平台的无序混战阶段，大部分平台给出的回报率也渐渐趋于理性，不再一味以高收益吸引投资者。随着行业整体经营规模的扩大，很多平台运营成本降低，一些借款人在利率上获得了更大的议价权和选择权，而平台本身也拥有了降低服务费用的空间。

（三）市场细分和整合并存，行业集中度上升

P2P"赢者通吃"的互联网特性会使行业集中度不断上升，最终平台的数量将稳定在较少的水平，同时细分市场"小而美"的 P2P 平台也将不断涌现，例如专注学生贷款的借贷平台等，这些专门为某一区域、行业或特征的人群提供借贷服务的平台，将利用其对细分人群的深入了解、信息积累和针对性的信贷技术，实现更高效的风控技术管理目标，从而立足 P2P 细分市场。

（四）依托行业自律，以数据为基础进行行业监管

国内 P2P 网络借贷行业快速发展，业务创新、产品创新和经营模式创新层出不穷，然而监管政策迟迟未出台。我们认为，未来监管部门的行业监管重心应是"充分信息披露原则"下的信息监管、抓取不良信息的行为监管以及事后处罚。

2014 年 3 月，全国工商联向全国政协提交相关提案，建议建立 P2P 网贷行业协会共同基金以防范风险。未来预计将成立全国统一的 P2P 网贷协会，以更好地发挥行业自律的作用，并建立统一的透明数据共享平台，进行行业信息和数据的汇总与监控，进一步增强行业透明度。

当前国内 P2P 行业平台数量众多，经营管理水平参差不齐，行业标准并未建立，存在较大风险隐患，应建立行业准入门槛、规范经营、信息公开，以促进行业健康发展。

三、平台经营趋势

（一）交易主体多样化

P2P 为"Peer – to – Peer"或者"Person – to – Person"的简称。在互联网时代，如果交易内容为普通商品，那么 P2P 可以理解为电商平台，交易的双方可以为个人或机构，在此基础上就有了 B2B、B2C 等多种电商模式。相应地，在金融领域，P2P 平台本质是金融产品在参与双方之间的交易，交易方可以为个人或公司。P 可以理解为 Person（个人），随着市场的发展，P 也可以拓展为 B，包括小贷公司、保理公司、融资租赁公司、理财机构等多种组织形式。P2P 可以有 P2P、P2B、B2P 等多种形式。

（二）平台逐步去担保化，回归信息中介模式

由于目前国内的征信体系不完善，目前大部分平台还不能通过纯线上的风控方法解决网络借贷问题，纯信息中介模式较难适应目前的金融环境。目前大多数 P2P 平台进行了本土化创新，采用线上线下相结合的模式。但是就 P2P 的本质而言，大数据风控下的信息中介才是 P2P 的核心创新之处，

是有别于银行等传统机构的金融创新模式。未来，随着国内征信系统等金融基础设施的不断完善，去担保化将是未来 P2P 行业的发展方向。

（三）平台交易产品多元化

目前，P2P 平台主要交易的是债权，可以看做是债权的众筹，广义来看，绕开传统金融机构的股权众筹也是 P2P 的一种形式，资产证券化以及其他类金融产品的众筹，原则上都是 P2P。P2P 平台可以发展成为一个内容丰富的非金融机构综合交易平台，不断满足金融市场的各种需求。

（四）大数据风控技术创新

未来，随着信息在 P2P 网络中的沉淀和征信的放开，P2P 平台运营的优势将更加明显，目前已有 P2P 网络借贷平台积极筹建大数据风控团队。随着 P2P 网络借贷信息的沉淀超越一定的"关键规模"，平台将迅速扩张，大数据风控在 P2P 网络借贷中的生命力才能够充分显现出来。

（五）行业规范及标准体系建设是重中之重

行业规范及标准体系建设是实现 P2P 网络借贷行业发展的基石，而行业自律性与监管严格性是一对相互影响、此消彼长的"欢喜冤家"，因此必须把握一个良好的"度"。从趋势看，2015 是 P2P 行业的标准建设年，政府须重视行业协会的推动作用，监管思路应更为开放包容，应采取"负面清单"模式，只提出监管原则及基本准入要求；风控要求的重点应主要放在信息披露环节，鼓励采用外部审计监督的市场化风控与信息披露模式。2015年，人民银行将加快推动 P2P 行业征信体系建设，充分采取市场化方式，鼓励行业协会发起具有自律性的征信体系，并将其纳入到全社会诚信体系建设之中，实现事半功倍的效果。

第六节　众筹融资的发展与新趋势

零壹数据监测显示，截至 2014 年底，国内已有 128 家众筹平台，覆盖 17 个省（含自治区、直辖市，不含港台澳地区）。其中，商品众筹有 78 家，占比为 60.9%；股权众筹 32 家，占比为 25%。股权和商品属性兼而有之的混合型众筹平台曾是一种趋势，仅在 8 月就上线 5 家，目前已有 14 家。值得关注的是，2014 年成立的众筹平台共有 84 家，其中，15 家主要商品众筹平台，成功完成筹资的项目总数为 3014 个，成功筹款金额约为 2.7 亿元；股权众筹，可获取的数据显示成功项目有 261 个，筹资总额 5.8 亿元。

一、众筹融资模式发展

2013 年，国内一般认为众筹融资就是解决股权问题。实际上，国际上众筹融资主要有四种类型，分别是：捐赠式众筹、贷款式众筹、股权式众筹和产权式众筹。国内众筹模式也逐渐多样化，发展出各种众筹。

捐赠式众筹的发起不是为了股权资本金，而是为了项目的安全顺利销售，或者为了爱心活动。一般情况下，捐赠式众筹是为了支持一个早期阶段公司的建立或产品革新，条件是众筹出资者优先体验新的产品和服务。

贷款式众筹是项目管理者通过借贷的方式筹集债务资金，包括广为流传的 P2P。

股权式众筹是出资者通过投资收到股权凭证或利润分享安排。

产权式众筹是出资者通过出资获得信托，一单位信托产生一份收益，收益来源于公司的知识产权。

参考世界银行发展项目信息组的分析，归纳众筹融资类型为表 1 - 2，并绘制项目发展阶段的融资周期与众筹方式之间的关系见图 1 - 5。

2014 年，国内市场出现几种新型的众筹模式：娱乐宝、房宝宝和百发有戏。

(一) 阿里巴巴"娱乐宝"

2014 年 3 月 26 日，阿里巴巴数字娱乐事业群联合金融机构打造"娱乐宝"增值服务平台，娱乐宝依附于淘宝移动端，通过向消费者发售产品进行融资。作为娱乐宝平台首期合作伙伴，国华人寿为其提供专业的保险理财产品，网民通过娱乐宝平台购买国华人寿的保险理财产品后，资金将采取合法合规的方式投向文化产业，获取投资收益。

表 1-2　　　　　　　　　　　众筹融资类型

模式	细分模式	特征	风险	收益
捐赠式	基于捐赠的众筹	众筹出资者没有任何货币化补偿	无风险	捐赠者不获得任何安全收益。募集资本存在一定的失败风险
	基于回报的众筹	出资者可获得象征性的礼物，或者提前购买项目商品服务。这种模式包括通过提前销售获得大额资金	风险较低。主要是项目基本的执行风险和欺诈风险。无金融投资收益	基本收益很小。安全性较低，无问责机制。项目管理者如果没有商品销售，则筹集足够的资金具有较大困难
贷款式	基于贷款的众筹	出资者收到债务性投资凭证，可获得关于这一特定项目的固定利益收益	借贷双方提前约定收益率。债权持有者的收益安全性高于股权持有者，但存在项目破产的风险	从属于高级债权人。项目启动时，失败率较高，亏损风险和股权投资类似。项目如果已经产生现金收益流，此时基于贷款的众筹是一个可考虑的选择
股权式	基于股权的众筹	出资者收到股权凭证或利润分享安排	潜在的创业收益概率	潜在的投资损失。企业破产时股权持有者从属于债务持有者
产权式	基于产权的众筹	出资者的一单位信托产生一份收益，收益来源于公司的知识产权	潜在收益无具体限额。但收益率由双方参照利率决定	收益和风险高于债务工具，低于股权工具

资料来源：课题组。

网民出资 100 元即可投资热门影视剧作品，预期年化收益率为 7%，1 年内领取或退保收取 3% 的手续费，1 年后自动全部领取；每人最大购买不得超 1000 元，首期募集资金约 7300 万元。

娱乐宝为粉丝们打造了从投资影视剧，到关注创作动态、与明星互动玩乐，再到上映购票观影，最终获得年化收益的全流程参与体验，提供了一种全新的娱乐生活方式。

对电影制作方而言，娱乐宝不仅可以带来资金保障，还可以帮助征集最真实的用户声音。用户"用钱投票"，评判对某个影视项目的导演、演员、剧本的喜好程度。这些第一手的用户数据，将成为影视娱乐行业新的风向标，从投资制作环节就开始对内容产生影响，实现真正的"大数据创作"。

（二）团贷网"房宝宝"

2014 年 6 月，团贷网首家推出房宝宝，以国内一线城市房源并精挑细选高端房产作为众筹产品。

目前，第一期房宝宝众筹的别墅已经成功售出，第二期已经进入银行批复阶段的尾声，第三、第四期已完成合同备案进入房产证出证阶段。

团贷网在财付通设立托管账户进行监管操作，产品正式推出之后，认购者可以通过团贷网平台进行众筹份额购入，资金会通过财付通托管账户直接汇入房产出售方（开发商或者二手房产卖家）指定的银行账户。资金全程定向流入流出，全程委托银行监管，并在网站更新流水明细。

据了解，美国房产众筹网站 Fundrise 成功运营 1 年，目前累计交易额 1500 万美元，获 3100 万美元融资（人人网领投），充分证明了房产众筹未来的巨大市场空间。

（三）百度"百发有戏"

"百发有戏"由百度金融中心与中信信托、中影股份、德恒律师事务所于 2014 年 9 月合作推出。"百发有戏"平台首期产品为《黄金时代》，产品期限 180 天，核心是消费、娱乐和消费者的权益保护，具有"消费 + 金融"

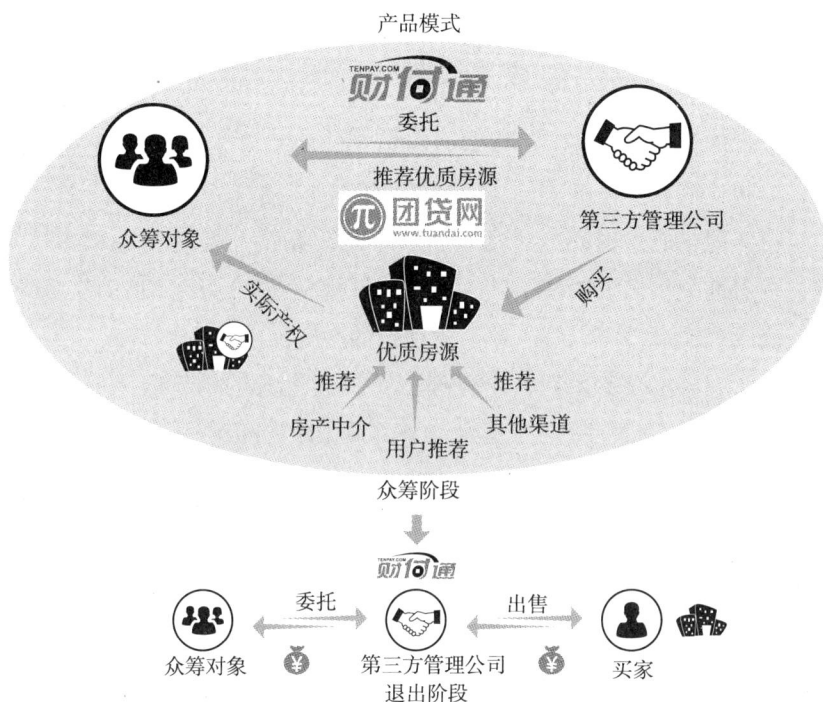

资料来源：团贷网。

图 1-4　房宝宝运营流程图

的双重属性，即"边消费边赚钱"的产品。回报与电影票房直接相关，即票房越高，消费者潜在的回报越大。

"百发有戏"模式使大众网民可以更深度地参与到实体产业中来，与服务的生产者深度互动并成为其主人，C2B 定制个性化服务，同时还能在享受服务时实现现金回报。

"百发有戏"是影视娱乐与金融和互联网跨界融合的产物，是互联网金融在中国发展的又一里程碑事件，使互联网金融从"渠道功能"升华为"直接促进实体经济的发展"。

互联网金融对实体产业"营销＋金融"的双重功能将得到前所未有的充分挖掘。

二、众筹融资与企业发展周期

在技术创新处于想法或概念设计的阶段，资金需求规模一般小于50万美元，捐赠式众筹可以解决此类项目的融资需求。

当创新理念通过论证并启动项目、生产出初期产品时，如果市场前景乐观，则需进一步扩大规模生产，此时融资规模在50万－100万美元之间，债权式或股权式众筹可以解决此阶段项目的融资需求。

当生产规模继续扩大后，企业拥有了持续上升的销售收入、资产规模和良好的财务资本，传统的主流金融体系例如银行信贷等可解决此类融资需求。

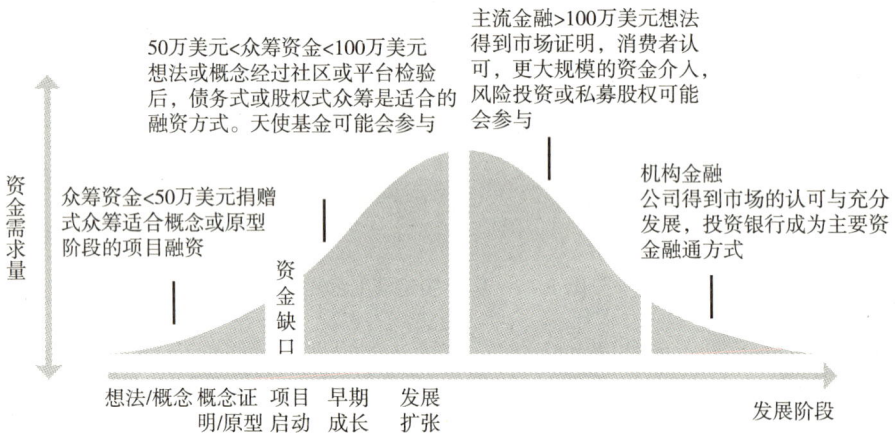

资料来源：课题组。

图 1－5　企业发展阶段与众筹融资

三、众筹融资发展中的风险

根据我国法律体系和信用体系，国内发展众筹融资尚存在如下主要风险。

（一）非法集资或非法发行股票风险

众筹融资平台项目一般都未经有关部门依法批准，项目管理者往往以债权或股权等方式进行筹资，筹集资金对象是不确定的社会公众，并且承诺在一定期限内给出资人还本付息或红利。

尽管形式上是互联网金融，但在国内实质上仍具有非法集资或非法发行股票的法律风险。

（二）欺诈风险

这种情况是指众筹项目管理者发起项目的初始目的，就是欺诈出资者，获取诈骗收益。有资金需求的项目管理者通过虚构创新项目、设计融资方案、出资报酬计划、朋友前期注资等方法，使创新项目看似具有真实性，以获取众筹融资平台的信任（或者两者合谋），成功发布项目并筹集资金，待一定时间后宣布项目失败，获得诈骗收益。

（三）项目失败风险

据国际比较典型的众筹融资平台项目有关数据统计，项目存在较大的失败风险。在平台发布的项目中，只有20%左右会被出资者选择；在前期有出资者选择的项目中，只有60%左右能达到预定的筹资目标；而在筹集够资金的项目中，又有一部分实施失败。所以，众筹融资项目存在较大的失败风险，这对投资经验欠缺、风险忍受程度低的社会公众形成巨大的威胁。

（四）平台运行风险

众筹融资运行严重依赖众筹融资平台，而众筹融资平台的风险包括：平台方运行系统中断或崩溃的技术风险、平台方运作过程中的担保或付息违约风险、平台方与项目管理者的合谋欺诈风险，以及平台倒闭风险等。以著名的众筹平台 Kickstarter 为例，该平台就缺乏对融资者欺诈行为的有效约束机制，虽然该平台对融资项目进行评估，并通过互联网向公众展示，但仍然出现了一些融资者在创意项目中造假的情况。另外，该平台的融资者可能会挪用资金或不按期给予投资者约定的回报。

（五）保密风险

众筹融资平台拥有了项目管理者和出资者的大量信息，在法律没有约束规范的情况下，容易造成个人信息、企业信息、专利信息等保密信息的泄露。

四、众筹融资的发展前景

近年来，全球众筹融资市场增长迅速。预计 2014 年，全球众筹融资交易规模将达到 614.5 亿美元；2016 年，全球众筹融资规模将接近 2000 亿美元，众筹融资平台数量将达到 1800 家。根据世界银行 2014 年《发展中国家众筹融资报告》，全球市场众筹融资潜在机会达 960 亿美元，并且中国众筹融资的潜在机会达 476 亿美元，几乎占世界众筹总规模的半壁江山。如图 1－6 所示。

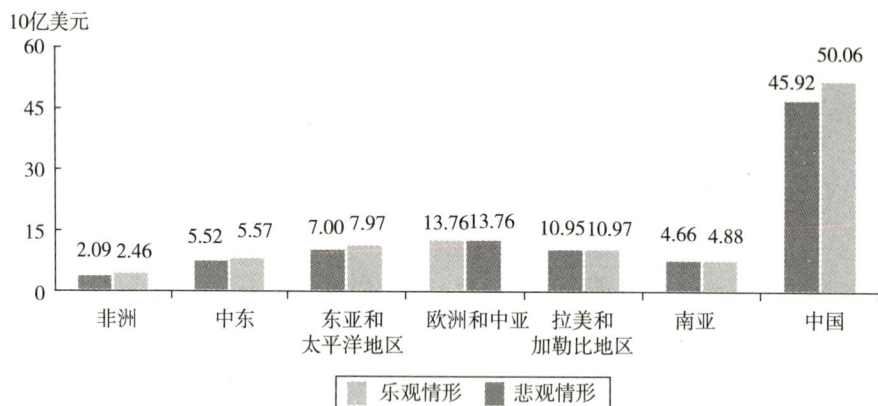

资料来源：世界银行：《发展中国家众筹融资报告》。

图 1－6　全球市场众筹融资潜在机会达 960 亿美元

百分比表示社交媒体普及率

各地区圆形面积是以美元计价的未来市场潜能

中国潜在市场
476亿美元

欧洲和中亚
潜在市场
138亿美元

38%

38%

中东和北非
潜在市场
56亿美元

49%

43%

52%

74%

26%

南亚潜在市场
49亿美元

东亚和太平洋
地区潜在市场
80亿美元

拉美和加勒比海
地区潜在市场
110亿美元

非洲潜在市场
25亿美元

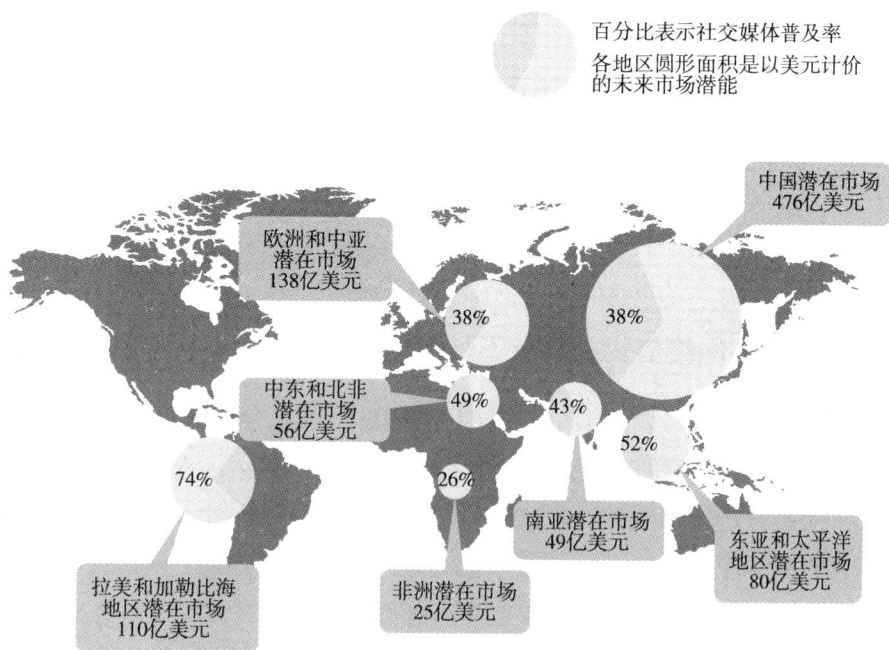

资料来源：世界银行：《发展中国家众筹融资报告》，43 页。

图 1-7　不同地区的众筹融资市场潜力

第二章 P2P 网络借贷的基础理论

一、P2P 网络借贷的功能不可替代

P2P 网络借贷在信贷市场中具有不可替代的作用，是人类历史上和传统金融市场中未曾有过的。在现有的技术框架下，P2P 网络借贷理论上可以逐步替代银行存贷款，但是还没有其他事物能替代 P2P 网络借贷。

P2P 网络借贷的优势主要体现在交易成本的降低上，P2P 网络借贷市场是一个自组织的自由市场，参与 P2P 网络借贷的用户行为提供充分信息而完成自由借贷。信息正是借贷的核心，P2P 网络借贷的这种信息优势使得借贷成本大大降低，而重复博弈和实名信誉机制是其保障。

在个人和小微企业信贷市场中，资金供给和需求都很分散，面临匹配难题和交易成本约束，这是一个全球性的难题。尽管大银行和传统金融机构在这方面做了很多尝试，但都没有取得根本性突破。这方面的根本原因是，个人和小微企业的很多信息属于软信息的范畴，比如一些难以量化的、仅在本地才可获得的信息。大银行和传统金融机构要么在本地没有"触角"，难以收集软信息；要么受制于层级管理结构，本地分支掌握软信息但不具备信贷决策权，只能将软信息报送给有信贷决策权的上级，但这个过程伴随着信息失真以及信贷配置效率的降低。因此，在很多地方，民间金融在个人和小微企业信贷市场中扮演着重要角色。民间金融扎根地方，有助于收集软信息，而且内部决策层级简单，不像大银行和传统金融机构那样受制于委托代理问题。但民间金融不规范、不透明，而且规模扩大后参与者之间熟悉程度下降，一些在规模小时行之有效的风险控制机制会逐渐

失效，从而容易造成风险事件。

　　理解 P2P 网络借贷的关键是把互联网本身看成一个能够促成储蓄存款人和借款人之间匹配的金融市场。互联网不仅是一个技术意义上的平台或者工具，而是一个由众多 APP 组成的生态系统，储蓄存款人和借款人在互联网上通过 APP 来解决金额、期限、风险收益上的匹配，每一个储蓄存款人可以同时向多个借款人发放贷款，每一个借款人也可以同时从多个储蓄存款人那里获得资金。这是分散原理的重要体现，既有助于控制风险，也能集众人之力、汇聚资金。

　　P2P 网络借贷可以突破交易成本的约束。在与互联网有关的领域中，普遍存在固定成本很高，但边际成本递减的规律，边际成本甚至能趋向零，P2P 网络借贷也不例外。P2P 平台有高速的寻找机制。比如，在 P2P 平台上，储蓄存款人可以通过 APP、搜索引擎和大数据，在全国 10 多亿人中搜寻需要贷款的人，这个人也许在贵州的某个角落，也许有农业上的需要。P2P 平台能在很短时间内找到最符合储蓄存款人的风险收益偏好的借款人，并促成他们之间的匹配，而且相关交易成本非常低。相比而言，在线下，储蓄存款人即使在他所在的社区寻找合适的借款人，也要付出很大的搜寻成本，并且只有双方相互信任才有可能发生借贷交易。至于线下的跨区域的陌生人之间的借贷，交易成本更高。这说明，通过互联网技术，P2P 网络借贷可以快速解决个人小额贷款和跨区域贷款问题，可能成为信贷资源配置效率最高的市场。这就是 P2P 网络借贷的不可替代性。

　　随着互联网技术的发展，P2P 网络借贷会做得越来越大，对全国信贷配置的作用会越来越强大。这里面的经济学逻辑是网络效应或网络外部性，也就是网络参与者从网络中可能获得的效用与网络规模存在明显的相关性。这样，P2P 网络借贷只要能超越一定的"关键规模"（critical mass），就能快速发展。特别是在征信基础比较好的地方（比如美国），P2P 网络借贷的生命力能够充分显现出来。

　　P2P 网络借贷的价值体现在哪些方面？

　　第一，P2P 网络借贷市场份额会趋向扩大。高华证券马宁在 2014 年 11

月 14 日的一份报告中预测，到 2024 年，中国 P2P 网络借贷余额将占剔除债券、股票之后的总社会融资存量的 0.9%。

第二，P2P 网络借贷公司的估值会越来越高。2014 年 12 月 12 日，美国 Lending Club 公司成功登陆纽交所市值接近 90 亿美元。在我国私募股权基金行业，P2P 网络借贷公司的估值不断创出新高。

第三，传统银行也开始加速发展 P2P 网络借贷业务，主要是为了应对金融脱媒的压力。银行有优良的借款客户群体，有很高的风险控制能力，通过 P2P 网络借贷，能为储蓄存款人提供高于存款的收益。这方面，招商银行走在了我国银行业的前列。

第四，P2P 网络借贷将来还会派生出其他有 P2P 特点的很多金融业务。其实现在已经开始了，比如类众筹业务，再比如非标资产在个体和个体之间的交易。我们在 2014 年的报告中就提出，P2P 网络借贷的一个发展趋势是"P"的扩大。P2P 网络借贷目前主要是自然人对自然人的借贷，将来可以拓展到个人对机构、机构对机构的借贷，理论上交易可能性边界无限。实际上，我国已经出现了大量 P2B（个人对企业）、P2G（个人对政府）网贷业务。当然，这里面的风险也不容忽视。

最近，P2P 网络借贷加速金融脱媒，推进利率市场化改革进程。金融脱媒是指资金供给方和需求方绕开银行等中介机构，直接开展筹融资交易，银行的净收入将逐步下降，回归到合理水平，美国 20 世纪 60 年代发生的金融脱媒主要是由利率管制造成的，银行作为基础金融服务机构不应该是暴利机构。我国目前金融脱媒的趋势不可逆转，这是技术创新带来的交易成本下降的内在要求，P2P 网络借贷的信息优势和成本优势将冲击商业银行的借贷业务。著名互联网预测家凯文·凯利预测，传统银行将在 20 年后消失，说明他认识到了互联网金融强大的市场力量。

二、P2P 网络借贷是最体现互联网精神的金融安排

金融危机后，全世界对金融的作用进行了深刻反思。总的看法是，金融应回归到为实体经济和大多数人民服务的核心作用上。金融体系最重要

的，应是为实体经济服务以及为老百姓日常生活增加便利而提供基础金融产品（包括存款、贷款、支付、汇兑、投资、保险和信用卡等）。金融作为一项大众民生基础需求，应起到与水、电等类似的基础设施或公共产品的作用。金融服务应有公平性和普惠性，每一个人都应该获得最低程度的金融服务，从而促进社会公平。比如，耶鲁大学的罗伯特·希勒就认为，金融是为了帮助实现其他社会目标而存在的，金融应当促进社会公平，不应当为了赚钱而赚钱。这种对金融的新认识与互联网精神——开放、共享、去中心化、平等、自由选择、普惠、民主——不谋而合。

P2P 网络借贷是最体现互联网精神的金融安排。从这个意义上讲，P2P 网络借贷在金融危机后兴起，不仅仅有技术方面的原因，也反映了社会心理的变化。

从实体经济的金融需求出发，可以看出 P2P 网络借贷的内在逻辑。一方面，个人和小微企业在消费、投资和生产中，有内生的贷款需求，以实现平滑消费、启动投资项目、补充流动资金等目标。很多贷款需求是合理的，是金融民主化的内在需要，属于正当的合法权利（我们称为"贷款权"）。特别是，从无罪推定出发，不能假设借款人都是骗子。另一方面，个人通过投资使财富保值增值，并自担风险，也属于合法权利（我们称为"投资权"）。贷款权和投资权的匹配，实现了资金融通，盘活了闲置资金，使资金供需双方各取所需、各偿所愿，对社会福利有帕累托改进效应。

然而，现实中，很多合理合法的贷款权和投资权无法通过传统金融进行匹配。比如，银行和证券公司向来是"嫌贫爱富"的，寻找的是高端客户。现在常说的"两多两难"问题（民间资本多投资难、中小企业多融资难）就形象地反映了传统金融存在的匹配失灵情况。

而 P2P 网络借贷弥补了传统金融的不足，体现了金融的民主化和普惠化。在 P2P 网络借贷中，很多借款人尽管具有偿债能力，但或者因为风险高于银行贷款利率能覆盖的水平，或者因为无法提供银行所需的抵押品，或者因为借款"短、小、频、急"使银行面临规模不经济问题，很难从银行获得贷款。另一方面，很多投资人希望通过 P2P 平台放贷，在承担一定风险的前提下，获得高于存款的收益，这是他们的权利。在某种程度上，P2P 网络借贷推动了社会进步，尤其体现在解决跨地区的贷款问题方面。

当然，目前 P2P 网络借贷行业存在一些不容回避的问题，但是有两个内在机制保障了 P2P 网络借贷的持续健康发展。

第一，一些不守诚信的借款人在多个 P2P 平台之间恶意骗贷，提升了 P2P 网络借贷的风险溢价。但如果全国 P2P 平台实现联网，个人在不同平台之间"拆东墙补西墙"套利或诈骗的现象就会减少。目前暴露出的一些问题还是因为重复博弈不够，当重复博弈足够多，交易成本自然就下降。

第二，在大数据背景下，金融民主化、普惠化与数据积累之间有正向激励机制。一方面，P2P 网络借贷越发展，参与者越多，积累的数据就越多，P2P 网络借贷在金额匹配、期限匹配和风险定价上效率就越高；另一方面，P2P 网络借贷的效率越高，积累的数据就越多，愿意参与的人也就越多。所以，要把这个市场放开，并且做好相关基础工作，使很多 IT 公司能够为 P2P 服务，这种正向激励会在互联网上自动形成。

三、中国 P2P 网络借贷存在的问题

我国 P2P 网络借贷发展的核心障碍是征信系统不健全、不开放。征信系统不发达直接制约了 P2P 网络借贷的信用评估、贷款定价和风险管理的效率。很多 P2P 平台开展线下的尽职调查，增加了交易成本，贷款利率也相应提高。但向 P2P 网络借贷行业开放人民银行的征信系统，需要很多条件，据悉，目前有一个跨部委的工作组在规划全国的社会征信信用体系。但总的趋势是，在大数据技术支持下，我国的征信系统会越来越健全，并与 P2P 网络借贷协调发展。

数据基础和外部监管都是 P2P 网络借贷健康发展的前提条件，两者之间是替代关系，并且数据基础更重要。数据基础不发达的时候，外部监管的变量参数就多一些；反之，数据基础越好，外部监管就越放松。为什么美国对 P2P 网络借贷的监管相对放松？主要是因为数据基础好。假如我国的大数据技术和搜索引擎能够在任何时点找到每个人的违约概率，外部监

管的条件也会变得宽松。从未来趋势看，互联网技术将越来越先进，数据基础越来越好，对 P2P 的健康发展也越来越有利。这样，放松监管将成为大势所趋。

但也需要指出，互联网业务模式与金融安全稳健之间存在内在冲突。互联网行业特有的网络效应、"先行者优势"、"赢家通吃"和边际成本递减等规律，要求 P2P 平台尽快扩张，争夺市场份额，并达到边界规模（critical mass）。在这种情况下，一些 P2P 平台出于内在的扩张动力，就采取本金担保、风险保障金、"专业放贷人 + 债权转让"、对接理财"资金池"等方法，但这样做容易触及监管红线。所以，中国的 P2P 网络借贷发展参差不齐，有些公司已经做大做强，但有大量的 P2P 平台还处在瓶颈区间，并且个别 P2P 平台存在浑水摸鱼的情况。

以上情况也是 P2P 网络借贷发展初期众多问题的主要原因，需要强调的是，P2P 网络借贷虽然可以降低交易成本、提高借贷效率，但是并未改变人性弱点，不能根除道德风险问题，甚至在网络非熟人借贷的环境下会导致道德风险问题高发，这是 P2P 网络借贷在大额贷款方面的劣势。P2P 网络借贷平台可以在短时间内吸收巨量资金，如果贷款者诈骗，而 P2P 网络借贷平台又采取了担保或者资金池的方式，必将导致一系列的"跑路"、倒闭事件，因此大额借贷不宜在 P2P 网络借贷的初期发展太快。

四、中国 P2P 网络借贷的监管

第一，建立 P2P 网络借贷平台准入门槛，比如最低资本要求、必要的经营条件等基本条件，接近注册制；同时，对股东、董监事和管理层要有基本的诚信和专业资质要求（但要坚持无罪推定）。

第二，信息公开。P2P 网络借贷监管的关键是信息监管，不是机构监管、流动性监管或资本充足率监管。P2P 网络借贷监管要以数据为基础，相关背景信息要公开，使得任何投资者都可以在网上查询到相关信息。

第三，规范 P2P 网络借贷的运营。P2P 平台定位于信息中介，不能直接参与借贷活动，不能承担信用风险或流动性风险。在征信不完善的情况下，为控制风险，要让投资者分散投资（在 P2P 网络借贷中，分散投资的交易成本不高），可以适当做强制性要求。对 P2P 网络借贷的在途资金和投资者的资金要进行第三方托管。P2P 平台及关联方不能通过自己的平台借款，以防止利益冲突。这一点对我国尤其重要，不能让 P2P 平台成为平台及其关联方的"提款机"。在最近一年的很多 P2P 平台"跑路"案例中，很多平台的所有者或管理者从一开始就没有长期经营的打算，他们自设平台，编造各种虚假项目，实际是自己融资，融到钱后卷款走人，给投资者造成了不少损失，形同融资诈骗。

第四，P2P 网络借贷的交易信息要完整备份，作为事后处罚的依据。

P2P 网络借贷监管的理念和方式与传统金融机构（业务）监管不完全相同，与信息监管有类似之处。P2P 平台相当于自媒体网站，相对而言比较容易监管；借款人诈骗相当于不良信息，监管难度要大一些。因此，对借款人诈骗不能采取"人海监管"，应引入技术手段。比如，在 P2P 网络借贷的后台，坚持实名制；要建立不良借款人的"黑名单"；利用大数据技术发掘不良借款人（类似证监会抓内幕交易）；举报不良借款人可获得奖励，建立正向激励机制；建立对 P2P 平台的评价体系。互联网技术既然能让贷款更方便，也应该能让监管更方便。

总的来说，P2P 网络借贷监管原则包括以下几个方面：首先，重心是信息监管，类似直接融资（股票、债券）的充分信息披露原则；其次，发挥现代信息技术特别是搜索引擎的作用，部分监管任务可以外包给 IT 公司，比如百度曾制定过 P2P 平台"白名单"；再次是行为监管，比如通过一些软件抓取不良信息；最后是事后处罚，不在事前做有罪推论。

五、如何评估 P2P 网络借贷是否服务实体经济

目前我国 P2P 网络借贷鱼龙混杂，市场评价褒贬不一。特别是，监管当局、P2P 网络借贷从业人员和学术界站在各自立场上，各种观点莫衷一是，而且各说各话，没有特别有效的沟通平台。针对这种情况，我们提出一个评估 P2P 网络借贷是否服务实体经济的指标体系，目标是使用尽可能

客观、可量化的指标，作为评价 P2P 网络借贷的"标尺"。

评价维度一：是否促进了资金融通？评价指标：P2P 平台促成的交易规模，但要扣除平台及关联方的"自融资"规模以及为活跃人气而进行的"资金空转"规模。

评价维度二：是否为投资者创造价值？评价指标：投资者的风险调整后收益（已实现收益，而非预期收益），要扣除借款人违约和平台"跑路"造成的损失。

评价维度三：是否提高了贷款可获得性？评价指标：在 P2P 网络借贷的借款人中，有多大比例无法从正规金融机构获得贷款。

评价维度四：是否降低了融资成本？评价指标：对同一个借款人，P2P 网络借贷利率是否低于其边际贷款利率？理论上，P2P 网络借贷没有物理网点，交易成本低，能返利于借款人。

评价维度五：是否有效控制了借款人的信用风险？评价指标：P2P 网络借贷的不良贷款率。

第三章　中国 P2P 网络借贷市场的
发展现状

第一节　中国 P2P 网络借贷市场概况

一、总体概况

P2P 网络借贷诞生于英国，发展在美国，繁荣在中国。2005 年 3 月，英国人理查德·杜瓦、萨拉·马修斯、詹姆斯·亚历山大和戴维·尼克尔联合创建了网站平台——Zopa，为具有资金供求的个人和小企业提供信息交流的平台。该网站作为全球首家网络借贷网站，开创了 P2P 网络借贷这一新型经营业态。随后，分别于 2006 年和 2007 年，美国相继出现了提供类似服务的网站——Prosper 和 Lending Club，两家公司占据了美国 P2P 网络借贷市场的绝大部分①。国内外 P2P 成立发展时间轴见图 3 – 1。

受 P2P 网络借贷平台在美国发展的影响，中国第一家 P2P 网络借贷平台——拍拍贷于 2007 年 6 月上线运营。随后，国内涌现出了像红岭创投、人人贷、陆金所等一批规模和影响力较大的网贷平台，行业发展也步入了

---

① 截至 2013 年底，Prosper 和 Lending Club 的年度累计借款额约为 24 亿美元，其余平台的规模相比很小，可忽略不计。

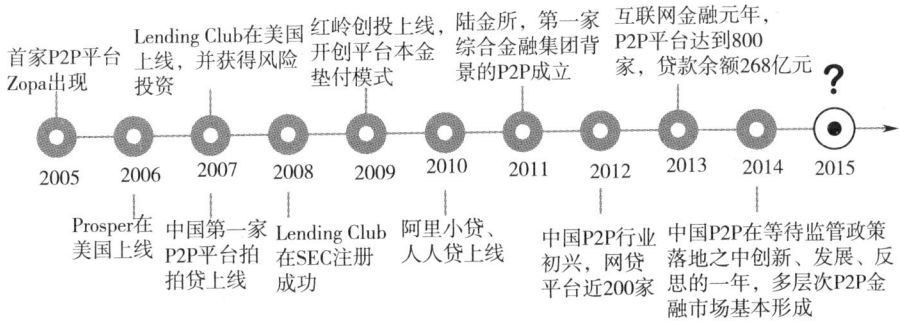

时间轴上方标注：

首家P2P平台Zopa出现（2005）｜Lending Club在美国上线，并获得风险投资（2006）｜红岭创投上线，开创平台本金垫付模式（2008）｜陆金所，第一家综合金融集团背景的P2P成立（2011）｜互联网金融元年，P2P平台达到800家，贷款余额268亿元（2013）

时间轴下方标注：

Prosper在美国上线（2005）｜中国第一家P2P平台拍拍贷上线（2007）｜Lending Club在SEC注册成功（2008）｜阿里小贷、人人贷上线（2010）｜中国P2P行业初兴，网贷平台近200家（2012）｜中国P2P在等待监管政策落地之中创新、发展、反思的一年，多层次P2P金融市场基本形成（2014）

资料来源：网贷之家《2013 年网络借贷蓝皮书》。

图 3－1　国内外 P2P 成立发展时间轴

快车道。自 2012 年开始，中国 P2P 行业出现了爆发式增长，投资人、借款人、平台数量及成交量等主要规模指标均实现了成倍增长。

表 3－1　　　　　　　　国内 P2P 行业的爆发式增长　单位：万人、个、亿元

时间	投资人数	借款人数	平台数量	当年累计成交量	贷款余额
2012 年以前	2.8	0.8	60	31	13
2012 年	5.1	1.9	200	212	56
2013 年	25	15	800	1058	268
2014 年	116	63	1575	2528	1036

注：投资人、借款人角色可能重叠，存在重复计算的情况；平台数量为 2014 年底正常运行的平台数量。

资料来源：网贷之家。

从收入构成看，P2P 网贷平台主要依赖借款管理费、利息管理费及其他增值服务费作为收入，其中借款管理费占比最大，约占平台营业收入的七成以上。虽然目前行业监管细则并未出台，但 P2P 公司定位于信息提供及撮合平台的功能已十分明确，严禁吸收公众存款、搞资金池。但在实际操

作过程中，大多数平台并未公开其收入、成本情况以及资金使用流向等信息，而是采取一些隐蔽的方法变相赚取利差，在不考虑垫付资金用于偿还不良贷款的情况下，行业的毛利率十分可观，有时可能高达20%以上。

正因如此，该行业得到社会资本的竞相投入，小贷企业、担保公司、风投、上市公司、银行甚至地方政府均涉足该领域，国内平台数量呈现了爆发式增长。

虽然大多数平台都从事了"准银行"业务，但相对于传统银行，P2P平台的风控水平相对较低，且由于内部管理上的漏洞和相关法律制度的不完善，行业存在较大潜在风险。据零壹财经统计，截至2014年底，国内"跑路"平台累计344家，占行业平台总数量的20.3%。这些平台出现经营问题，对投资人的投资热情、行业的健康发展带来一定负面影响，已成为制约行业发展的最大隐患。

诚然，目前国内的 P2P 网络借贷行业存在较大风险，但应该看到其在解决中小企业融资难方面的有益尝试，对于缓解企业融资瓶颈，推动金融创新，增强金融普惠等方面发挥了积极作用。因此，行业的健康发展以及规范运营，需要由政府部门或行业协会进行正确引导。据了解，目前国内的行业监管顶层设计已初步完成，行业监管细则也即将出台。

二、借款人概况

借款人作为网贷资金的使用者，其主体特点直接决定了投资的风险水平。因此，了解借款人的整体情况，对网贷平台的信用风险控制有着极其重要的现实意义。

在具体指标上，本报告主要选取了反映网贷市场活跃度的借款人数量和人均借款额、反映对实体经济有效性的借款用途、反映融资成本的平均借款利率、反映借款人信用状况的个体属性五项指标。

值得一提的是，随着 P2P 的发展，已经衍生出如 P2C（个人对企业）、P2B（个人对非金融机构）、P2N（个人对多机构）、P2G（个人对政府项目）等诸多模式，但由于这些新模式中，前三种主要是现有借款人的细分群体，而最后一种 P2G 还处于发展初期，数据尚不足以进行有效分析，现阶段我们还是把重点放在成熟的个人对个人（Peer – to – Peer）的借款人研究上。

（一）借款人数量

2013 年，根据网贷之家对 90 家平台成交数据的采集显示，当年累计借款人数为 14.93 万人，达到了 2012 年的 8 倍以上。这种迅猛发展的势头在2014 年得以延续，据网贷之家数据显示，截至 2014 年底，P2P 网贷行业整体累计借款人数达 63 万人，且在不断增长中，充分反映了这是一个飞速发展的行业，如图 3 – 2 所示。

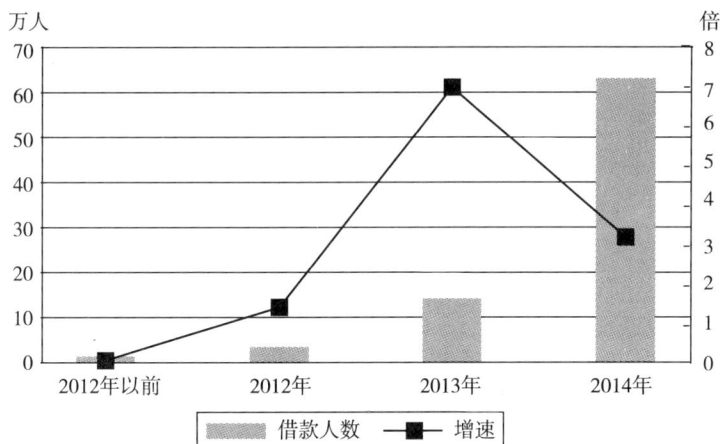

资料来源：网贷之家。

图 3 – 2　P2P 网贷行业整体借款人数增长

（二）人均借款金额

根据网贷之家数据统计，2014 年网贷人均借款金额（人均借款金额 = 总借款金额/借款人数）为 40.12 万元。本报告选取了国内成交量排名前 20 家平台截至 2015 年 1 月 14 日前 30 天的数据进行推算，人均借款额情况见表 3 – 2。

表 3 - 2 　　　　国内成交量前 20 家平台 2014 年 12 月 16 日至

2015 年 1 月 14 日人均借款金额　　　单位：万元、人

序号	名称	成交量	借款人数	人均借款金额
1	红岭创投	300400.69	3944	76.17
2	陆金所	137249.75	24984	5.49
3	PPmoney	130908.54	5506	23.78
4	温州贷	85151.09	447	190.49
5	微贷网	83249.60	11550	7.21
6	鑫合汇	78056.20	1324	58.95
7	有利网	71966.11	2885	24.94
8	积木盒子	60602.99	5531	10.96
9	金信网	60392.72	3794	15.92
10	人人贷	56975.58	9280	6.14
11	盛融在线	54671.62	452	120.95
12	宜人贷	54640.19	11316	4.83
13	向上金服	46872.32	30497	1.54
14	易贷网	43080.07	1396	30.86
15	你我贷	40672.11	5385	7.55
16	投哪网	35977.14	2805	12.83
17	翼龙贷	24515.30	3610	9.56
18	钱爸爸	34406.00	115	299.18
19	爱投资	33481.97	2474	13.53
20	团贷网	32127.43	379	84.77

资料来源：网贷之家。

从表 3 - 2 我们可以看出，网贷平台不同，人均借款金额有着很大的差别，大部分平台的人均借款金额在 30 万元以下，少数如钱爸爸、温州贷、盛融在线等达到 100 万元以上，而钱爸爸更是达到了近 300 万元。这主要是与各平台的业务模式不同有关。

以人人贷、陆金所等为代表的平台主要做无抵押 P2P，通过分散投资来控制风险；而以一起好、合力贷等作为代表的平台，多做车辆抵押贷款，由于有抵押作为增信措施，其平均借款额也有明显提升；以合拍在线为代表的平台则主要做企业经营性融资，对资金的需求量明显高于个人，所以平均金额达到了百万元级。

（三）借款用途

P2P 的迅猛发展体现了现有金融体系的不足，也帮助解决个人自身发展、提高生活质量以及小微企业经营的资金需求问题。对借款人的借款用途进行分析，可以了解 P2P 对实体经济的有效性，更好地把握网贷行业的发展前景。下面我们主要以人人贷为例进行分析，如图 3-3 所示。

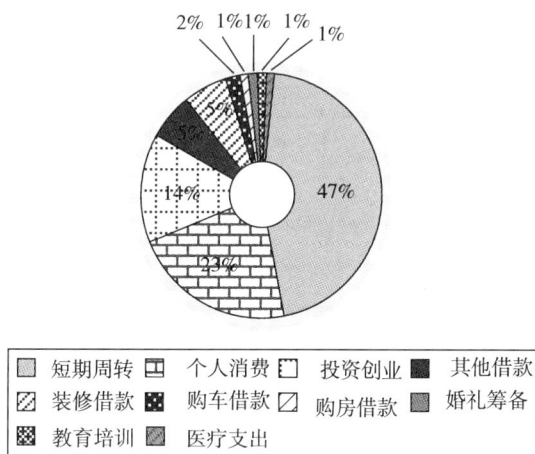

资料来源：人人贷、网贷之家。

图 3-3　人人贷借款用途分布

从图 3-3 我们可以看出，短期周转和投资创业等促进经济发展的有效投入占 61%，其他多为改善生活质量的用途。

（四）借款利率

借款利率反映了借款人的融资成本，由于 P2P 的借款人信用等级和增信措施普遍弱于传统金融市场借款人，加上信息披露不够充分，所以利率明显高于银行贷款利率。据网贷之家数据显示，2014 年国内主流网贷平台的加权借款利率①介于 15% – 20% 之间，行业平均加权借款利率为 17.86%，平均借款期限为 6.12 个月。为对比方便，我们粗糙地将网贷行业每月加权借款利率视为半年期债券产品，并与半年期贷款基准利率及 6 月期 Shibor 做对比，见图 3 – 4。

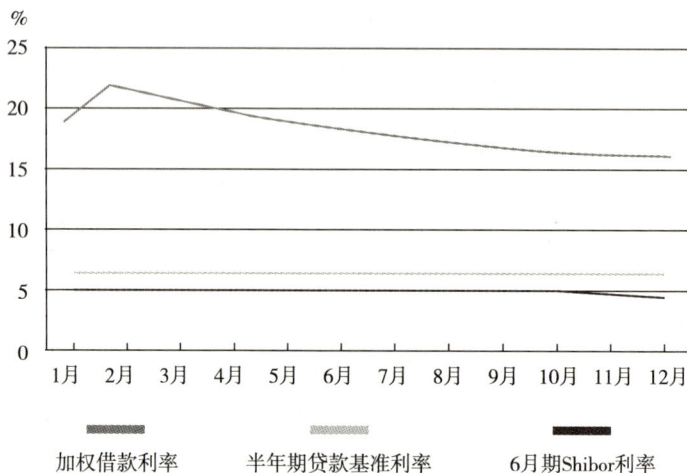

资料来源：网贷之家：《2014 年中国网络借贷行业年报》。

图 3 – 4　2014 年网贷行业加权借款利率与同期贷款基准利率、Shibor 的走势图

从图 3 – 4 可以看出，2014 年 2 月份以来网贷行业利率水平呈现持续下降趋势，月均降速达到 56 个基点②，于 12 月底达到最低的 16.08%。主要原因是随着"跑路"平台的增多，投资者的风险意识增强，不再单纯追求高利率，而是将投资转向利率适中但风控水平较好的老平台，同时伴随信息对称性不断提高和行业竞争性加强，加上宏观经济整体仍处于调整阶段，利率下降通道逐步打开，P2P 平台的项目风险溢价水平也有所降低。

---

①　加权借款利率：将不同借款标的借款利率按照成交量进行加权平均。

②　1 个基点 = 0.01%。

（五）借款人属性

本报告对借款人属性维度的数据包括性别、年龄、婚姻状况、学历水平及地域分布等进行了统计，详细如下：

1. 性别比例

据零壹财经统计，现阶段，男性借款人占了绝大部分，比例达到78%，这是因为一方面，相当比例的借款人是男性比例偏高的企业主；另一方面，购房购车等改善性贷款的借款人也以男性居多。从这里可以看出女性这一细分市场有极大的拓展空间。

2. 年龄分布

这里涵盖了11家平台[①]的55264名借款人，如图3-5所示。

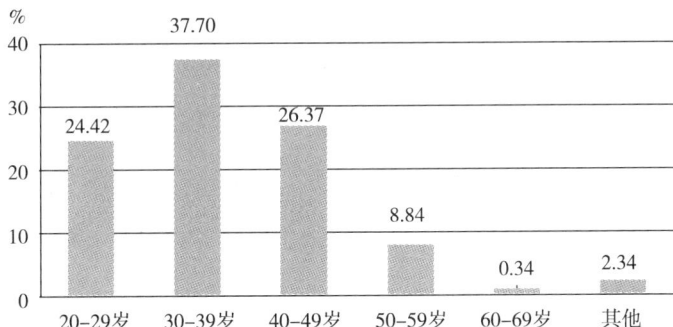

资料来源：零壹财经。

图 3-5　P2P 平台借款人的年龄分布

从图3-5可以看出，绝大多数借款人主要分布在20-49岁之间，这其中既包含创业中的年轻人，又覆盖大部分需要流转资金的企业主，同时这个年龄段也是最需要提高生活质量的人群，总体来说与借款用途可以有效对照起来。

---

① 具体为：人人贷、人人聚财、融信财富、盛融在线、微贷网、温州贷、新新贷、工商贷、一起好、翼龙贷、有利网。

3. 婚姻状况

在银行信用体系中，婚姻状况也是个人信用体系中的一个重要指标，已婚象征着个人生活的稳定，对借款人信用评价有积极作用。根据零壹财经对 11 家平台①的 51160 名借款人的统计，P2P 借款人也反映了这一特征——已婚者占总借款人的 71.82%，丧偶及离异的占比不高于 10%。

4. 学历水平

学历水平的统计主要涵盖 10 家平台②50925 人，如图 3 - 6 所示。

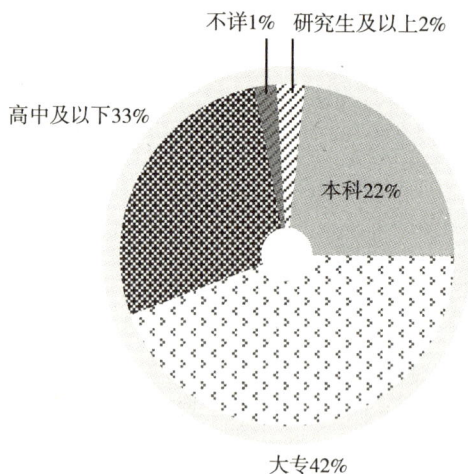

资料来源：零壹财经。

图 3 - 6　P2P 平台的借款人学历分布

从上述数据可以看出，本科及以上高学历人群在 P2P 借款人中的比例并不高，仅为 24%，这是因为一方面，高学历人群从传统金融渠道获取资

---

① 具体为：365 易贷、808 信贷、红岭创投、人人贷、融信财富、盛融在线、新新贷、工商贷、一起好、翼龙贷、有利网。

② 具体为：365 易贷、808 信贷、红岭创投、人人贷、融信财富、盛融在线、新新贷、一起好、翼龙贷、有利网。

金的可能性更高，特别是在改善生活消费领域，另一方面中低学历人群在创业或自主经营上主动性更高。

5. 地域分布

现阶段，中国网贷平台还是习惯以总部所在地为根据地进行业务拓展，因此，借款人分布与网贷平台的分布有明显的相关关系，主要以上海、山东、浙江、广东等沿海发达地区为主。根据人人贷对 31885 位借款人的统计数据，借款人地域分布如图 3 - 7 所示。

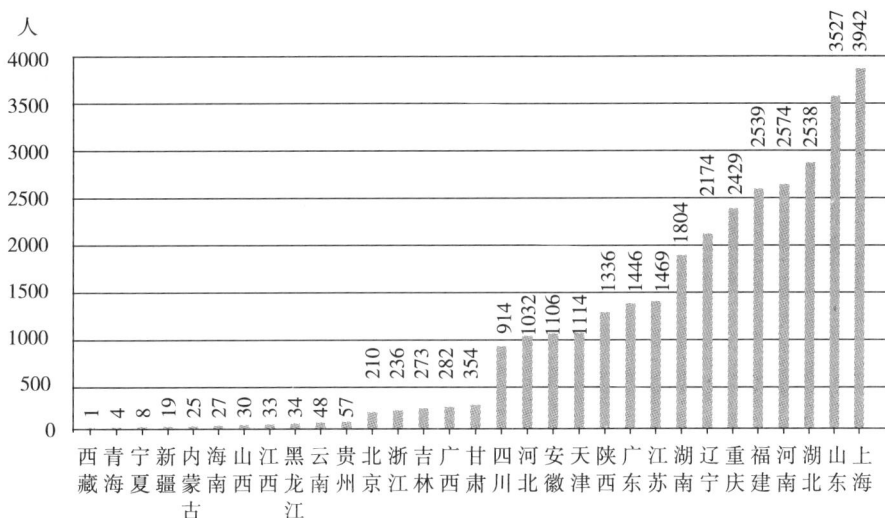

资料来源：人人贷、网贷之家。

图 3 - 7 人人贷借款人地域分布

三、投资人概况

（一）投资人数量

国内 P2P 网络借贷投资人规模自 2012 年开始出现快速增长。截至 2014 年底，行业投资人数约 116 万人，为 2012 年的 22.7 倍。考虑到多平台间可能出现重复计算的情况，行业内实际投资人数保守估计在 60 万人左右。

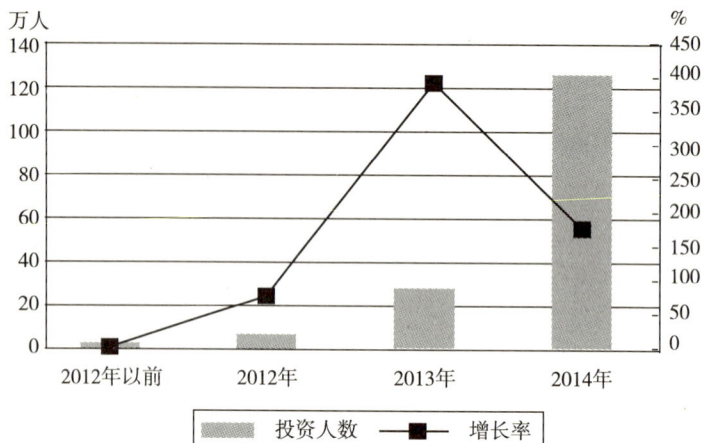

资料来源：网贷之家。

图 3 - 8　网贷平台投资者人数及增长率

（二）人均投资额及其构成

据网贷之家统计，截至 2014 年底，全行业累计成交量约为 3829 亿元。其中，2014 年全年累计成交量为 2528 亿元，是 2012 年的 11.9 倍。2014 年投资人总计 116 万人，人均投资金额为 21.79 万元，分别低于 2012 年、2013 年的 41 万元和 42 万元，说明小额投资人数快速增加。

从投资人的投资规模构成看，2014 年单月、单平台投资金额在 1 万元以下的人数最多，占比达 63.74%，且金额越高，人数越少。100 万元以上的投资人占比仅为 0.36%，且其中不乏机构投资者，见图 3 - 9。

（三）投资人属性

就投资人属性来看，根据网贷之家 2014 年进行的网络抽样调查，在参与网络借贷的人群中，男性占到了 85%，女性只占 15%，表明未来女性参与 P2P 平台投资的发展空间较大，见图 3 - 10。

根据网贷之家统计，从投资人年龄看，19 岁以下的投资人占 1.32%，20 - 29 岁的占 40.46%，30 - 39 岁的占 40.13%，40 - 49 岁的占 14.84%，50 岁以上的占 3.29%。可以看出，投资人中以 20 - 39 岁的青壮年居多，占

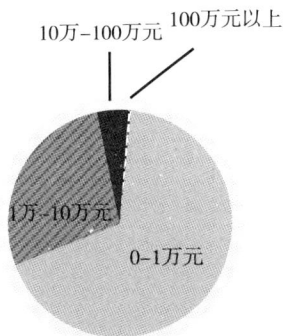

资料来源：网贷之家：《2014 年中国网络借贷行业年报》。

图 3 - 9　投资人投资规模构成

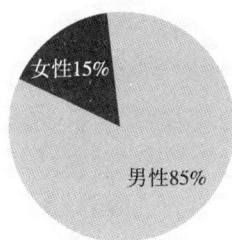

资料来源：网贷之家。

图 3 - 10　P2P 投资人性别比例

比超过 80%。这一方面说明年轻人能够接受这种新兴的投资模式，另外也跟青壮年的风险承受能力强有关。不过，最近的调查显示，50 岁以上的中老年群体也逐渐成为投资的中坚力量，他们收入稳定，投资经验丰富，在 P2P 市场成熟后被认为更偏好该投资渠道①。

从地域看，广东和浙江分别以 18% 和 11% 占据前两名，上海、江苏、北京的投资人占 8% - 9%，而新疆、内蒙古、青海等地的投资人几乎为零。投资人的数量占比和当地的经济总量呈正相关态势，地区经济越发达，居

---

① 资料来源：城市快报，http://money.163.com/14/0920/15/A6JK58TN00254STD.html。

民可以用来投资的资金也就越充足。

据网贷之家 2014 年数据，投资人的平均年收入约为 11 万元，其中年收入低于 5 万元的占 25%，5 万至 10 万元之间的占 35%，10 万至 20 万元之间的占 25%，三者总计占投资者总人数的近九成。

中低收入群体构成了网络投资人的主力军，这说明目前市场上低门槛高回报的投资渠道缺乏，P2P 平台为广大中低收入群体提供了便捷的投资理财渠道。

四、P2P 网络借贷平台现状

由于行业监管政策尚未出台，目前国内 P2P 网络借贷行业尚处于市场化自发演进时期。尽管网贷模式的问题不断出现、问题平台也层出不穷，但随着互联网技术的普及，尤其是民间借贷的强烈需求，该行业依旧保持着快速的发展态势。

与此同时，网贷平台的发展表现出一些典型特点：网贷平台在优胜劣汰、不断进入和退出中，年度增速正逐步趋于稳定；国内涌现出一批有一定规模和市场口碑的全国性网贷平台。

（一）平台公司状况

从注册资本看，2013 年底全国网贷平台中注册资金在 5000 万元（含）以上的有 36 家[①]。截至 2014 年底，增加到 54 家[②]，其中 22 家于 2014 年内成立。注册资金最高的为陆金所，达到 8.3667 亿元[③]。

从资产管理规模看，截至 2014 年底，累计待还金额在 1 亿元以上的网贷平台达到 96 家，其中 5 亿元以上的 27 家、10 亿元以上的 13 家。位列前三甲的陆金所、红岭创投、人人贷的待还金额分别为 94.12 亿元、66.94 亿

---

① 资料来源：王家卓、徐红伟、马骏：《2013 中国网络借贷行业蓝皮书》，22 页，北京，知识产权出版社，2014。

② 网贷之家：http://shuju.wangdaizhijia.com/index-8-0-7-0-0-8.html。

③ 全国企业信用信息公示系统（上海）：https://www.sgs.gov.cn/notice/notice/view? uuid = mrrCIHJ5f4TC5NSUQSvseLTsjlLdMKu3&tab = 01。

元和 41.86 亿元。在 96 家累计待还金额超过 1 亿元的平台中，27 家运营时间在 12 个月以内。在 27 家累计待还金额超过 5 亿元的平台中，仅金信网、鑫合汇、众信金融、金宝保 4 家平台运营时间在 12 个月以内。

从注册资金与待还金额杠杆比来看，截至 2014 年底，杠杆比达到 10 倍以上的网贷平台有 73 家，20 倍以上的有 42 家。资金杠杆比超过 100 倍的有 7 家，分别为：翼龙贷，2258 倍；爱投资，653 倍；向上金服，264 倍；你我贷，251 倍；宜人贷，235 倍；有利网，207 倍；红岭创投，144 倍。

巨大的市场空间促使各类型社会资本通过参股、控股、收购等方式加快涌入 P2P 行业。据不完全统计，截至 2014 年 10 月底，共有近 30 家 P2P 平台获得超过 30 亿元的投资。从 2013 年底软银中国资本入资有利网开始，近一年时间内仅公开的风投融资就令人目不暇接。挚信资本以 1.3 亿美元入主人人贷，红杉资本 5000 万美元入股拍拍贷，晨兴创投 5000 万美元投资有利网，成为金额最大的三项投资。

不仅风投公司，银行背景资本（简称银行系）、国资背景资本（简称国资系）、上市公司资本（不含前三类资本，简称上市公司系）和民营资本（不含前四类资本，简称民营系）也不断加快对网贷行业的布局。2014 年初，银行系、国资系、上市公司系和风投系的平台数量分别仅为 3 家、1 家、3 家和 6 家，而到年底已分别增长到 12 家、17 家、17 家和 29 家，行业数量占比虽然分别只有 0.8%、1.1%、1.1% 和 1.8%，但贷款余额行业占比已分别达到 12.5%、2.8%、1.5% 和 18.2%，俨然成为市场的重要力量。

从平台的地域分布看，平台数量与地区的经济发展以及民间借贷活跃程度有直接关系。据网贷之家数据显示，2014 年底，全行业 1575 家平台中，广东省平台数量最多，为 349 家；其次依次为浙江省、北京市、山东省、上海市、江苏省等，分别为 224 家、180 家、149 家、117 家和 104 家。具体见图 3 - 11。

从问题平台情况看，据不完全统计，截至 2014 年底，历史累计问题平台数量达到 367 家，其中大部分在 2013 年和 2014 年发生，且蔓延、恶化趋势不容乐观。

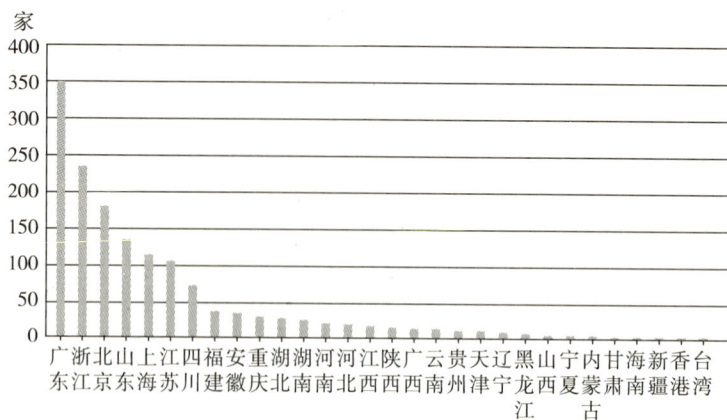

图 3 - 11　2014 年网贷平台的地域分布

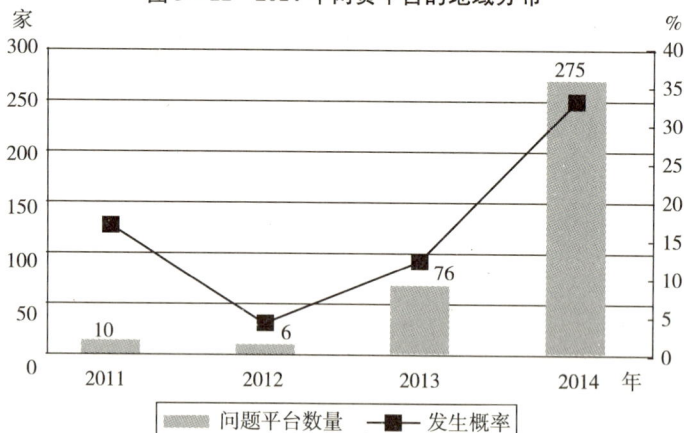

图 3 - 12　近年问题平台数量及发生概率

　　从问题平台的地域分布看，广东、浙江、山东的问题平台数量较多，合计在全国占比为 48.6%，略高于其正常运营平台的全国占比。网贷之家统计显示，山西、宁夏、黑龙江、新疆至今未出现问题平台。从问题平台的地区发生率看，云南、辽宁、北京的问题率最低，分别为 7.1%、10% 和 10.2%；最高为甘肃和海南，问题率达到了 50% 以上。由于甘肃和海南的平台数量原本较少，因此问题率的统计存在一定偶然性。可以看到，湖南、湖北、安徽、山东、上海等市场规模较大的省份，其问题平台的发生概率均处于 23% 以上，湖南、湖北甚至达到 36% 以上，反映出当地的网贷行业市场环境较差，市场风险较大。

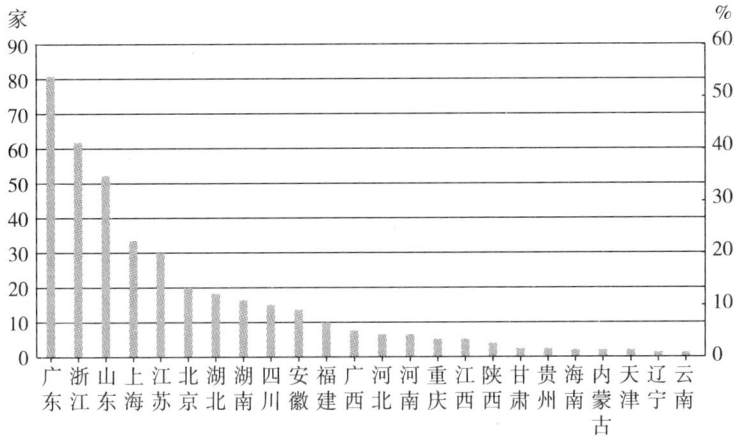

图 3-13　各省份问题平台累计数量及发生概率

（二）平台产品状况

从平台产品的产生原因看，网贷平台通常在统筹考虑其借款人群体实际诉求及个体信用状况、平台运行状况、地区利率水平等因素后，最终确定产品标的金额、利率、期限等要素。国内的网贷平台由于数量众多，经营差异化明显，平台产品的差别更是巨大，因此很难找到统一标准进行数据统计。

2014 年以来，随着人民银行、银监会陆续明确网贷平台的信息中介定位，行业内的主流产品也随之规范至反映实际借贷关系的实物标范畴内。平台通常将通过其审核的实务标公布于网上，等待投资人投标。当投资金额达到借款标的时，该笔交易成功满标，借贷关系确立，合同开始生效；而在规定时间内未达到借款标的，则此单作废，合同无效，借贷双方另行申请其他操作。

此类操作容易导致飞标，也确实需要借贷双方随时关注标的进展，操作不便，因此，为解决借贷客户体验痛点，提高双边匹配效率，主流网贷平台推出了基于自动撮合的理财产品。此类产品与银行理财产品类似，任由投资人投资，满标即生息，大大提升了借贷双方匹配效率。不过如果操作不透明，则容易触碰"搞资金池"的政策红线。

同时，为增强平台产品和债权的流动性，部分网贷平台还设计了针对本平台产品的二级交易市场，持有未到期产品的投资人可将自己的剩余债权公开交易，以提前收回投资本息。在一些人气较高的网贷平台，一手产品标的往往供不应求，投资人在不容易抢到产品标的的情况下，直接购买二手产品标的，也成为行业内的普遍现象。国内主流平台的满标用时如表3－3所示。

表3－3　　　2014年11月1日至2014年12月31日国内成交量
前10名平台的借款标数及满标用时

序号	名称	成交量（元）	借款标数（个）	满标用时
1	红岭创投	568183.08	132374	35.922 分
2	陆金所	326883.94	57881	0 秒
3	PPmoney	178952.54	18064	1.03 时
4	温州贷	167813.01	2725	1.204 时
5	鑫合汇	162244.87	3357	2.96 时
6	微贷网	155442.09	22174	1.245 分
7	有利网	153861.96	5660	2.904 时
8	盛融在线	119003.93	2293	20.683 时
9	积木盒子	112551.72	12491	3.929 时
10	人人贷	103164.54	16809	18.369 分

资料来源：网贷之家。

（三）平台风险状况

1. 借款人风险

（1）信用风险。我国的信用环境比较差，个人征信系统很不完善，借款人的违约成本很低，而催收比较困难。特别是P2P这种通过网络建立虚拟连接的借贷模式，一旦出现违约，出借人很难进行有效维权。

（2）循环借贷风险。很多网贷平台，往往允许借款人利用其在平台上的债权进行抵押贷款，这实际上形成了一种类似银行存款准备金的财务杠杆模式。借款人可以将借款在平台上进行投资出借，并通过出借的债权进行抵押再申请一定额度的借款，如此反复，进行市场套利。杠杆的引入会逐步放大借款人的违约风险。

2. 平台风险

（1）资金风险。当前大部分网贷平台采用充值和提现的经营模式处理投资人和借款人的资金，并没有建立有效的第三方托管模式。这就导致资金混用、挪用的可能，在很大程度上存在自融和假融风险。目前，只有少部分 P2P 平台已开始逐步尝试直接与银行合作，让投资人可以通过网银功能进行直接投资和撤资，不需要通过充值提现等方式与平台自有资金产生往来，如开鑫贷等。

（2）信贷审核风险。很多 P2P 平台并不具备专业的风险控制和信贷审核团队，对于借款人的资质审核往往比较粗放，局限于传统的小额信贷模式，从而可能导致潜在的坏账率激增。

（3）经营风险。为了将收益率和投资期限进行匹配以增加出借人的资金流动性，很多平台通过拆标的形式构建资金池，走在人民银行三条红线的边缘①。一旦短期流动资金跟不上，就会出现资金链断裂等情况，导致平台倒闭。很多网贷平台的注册资本相对于网贷平台借贷规模来说，杠杆率极高，一旦网贷平台利用资金错配进行拆标或者发生大额违约，面对投资者的挤兑，通常应对乏力，容易因资金链断裂而破产。

（4）信息安全风险。行业中部分 P2P 平台，尤其是多数的"跑路"平台，由于缺乏信息安全意识和相关的资金投入，往往从第三方公司直接购买"半成品"网站，网站源代码直接开放，甚至网站后台由第三方公

---

① 拆标是指长期借款标的拆成短期，大额资金拆成小额，从而造成了期限和金额的错配。其中，标就是借款人的借款需要。比如，借款人申请贷款 120 万元，借款期限 12 个月，这样大额、长期的借款标发布后很难在短时间内筹集到足够的资金，因此平台常会将 120 万元拆分为 10 份甚至 100 份，期限缩短为 1 个月，滚动放标 12 次。具体请参考：http://www.wdzx.com/zt/cb/wdzx_cb.html。

司维护，公司和客户的信息处于暴露状态，一旦网站出现技术问题无法访问，往往对投资者造成心理冲击，在信息不对称情况下容易诱导造成挤兑风险。

第二节　营销管理分析

一、发展概况

民间金融在我国有较长的发展历史，中国移动互联领域随着 3G、4G 网络的逐步普及，使得移动互联网营销成为重要增长极，对市场带动明显，为 P2P 行业的迅速发展带来机遇，使民间借贷有了新的活力；而且，年轻人对新事物接受程度较快，具有较好的消费金融倾向，愿意选择尝试日新月异的互联网理财方式及网络融资渠道。例如，网贷之家数据显示，仅 2014 年"双 12"当天，全国 P2P 网贷成交量高达 24.08 亿元，较前一天增加 72.78%，当天综合收益率为 16.48%。

P2P 行业从初期的网络信贷逐步发展到当前的多样化金融资产转让交易，在营销模式上主要采用了线上投标、线下推广的交叉式管理机制。从营销手段来看，主要选择注册投标返现、发起秒标、短期高利率标等形式来吸引社会投资人。

从市场发展历程看，营销模式大致经历了三个阶段：一是 2006—2007 年，基本确立商业模式，如宜信的线下营销推广、拍拍贷的纯线上营销等；二是 2008—2011 年，形成初步推广，如 B2C 融资营销、垂直金融搜索引擎、陆金所大型平台等；三是 2012 年至今，行业大规模发展，如专业化渠道营销、大数据网络挖掘营销、金融市场交叉渗透营销等。

从当前及今后一段时期看，P2P 行业的营销模式将逐步走出同质化格局，逐步向精准式营销转变，提升对社会投资人和社会融资人（借款人）的双向交流服务，增强营销的售后服务能力，金融资产交易式的新型营销模式将逐步产生和推广。同时，众多的 P2P 公司也将经历大浪淘沙的过程，大部分"凑热闹"的公司将会被淘汰。

二、类型分析

为了更好地理解 P2P 行业的营销模式，我们主要从以下四种类型加以分析说明。

（一）线上营销

P2P 公司将社会投资人的出借资金或资产配置需求，通过互联网方式加以集中整合，与社会融资人的借入资金或资产出售需求进行配对，通过信息平台一体化服务，增强双向客户粘性。这一模式的创新主要体现在对用户心理的把握上，强调整体简便易用、需求分类导向、管理模块清晰、支付便捷安全、信息透明可信等。

具体而言，一方面，主要通过注册奖励、新手秒标、充值返现、公开投标、资产转让等方式吸引投资人，将具有市场竞争力的收益率及较好的风险管理业绩作为卖点；另一方面，则通过相比民间借贷更为低廉的差异化风险定价、灵活还款机制、融资费率补贴等方式吸引融资人，将相对简便的融资审批手续及迅速反馈的融资流程作为卖点，吸引社会融资人（借款人）。

毋庸置疑，互联网金融在 P2P 行业的最主要体现就是线上营销的创新突破，将原来可能存在于点到点之间的资源配置效率大幅提高，大大增强了民间金融的市场活力，比较典型的平台有拍拍贷、点融网、人人贷等。

（二）线下营销

P2P 公司通过非互联网渠道将社会投资人及社会融资人（借款人）的资金供需及资产配置交易进行对接，并且将涉及融资行为的信息透明度和平台交易撮合的资产负债管理内容纳入这一环节。

应该说，绝大多数 P2P 公司都是采取线上营销为主的模式，但却不会排斥线下营销，这是因为相比互联网渠道，线下营销往往具有更为准确的到达率效果，市场渗透较好，当然所花费的营销成本也较大。越来越多的

P2P 公司认识到，O2O 模式对于提升市场影响力和营销服务水平，具有较好的客户体验度，能够迅速和较为持久地发掘新客户①。

因此，线下营销关键在于网络服务的到位性，模式上可以参考连锁经营方式，主要有自建网点、连锁加盟两种方法，其运作核心在于及时掌握第一手信息，扩展合格社会投资人和优质社会融资人（借款人）。在具体营销手段上，则主要采用品牌广告、理财顾问、融资辅导等方式，比较典型的有宜信、证大财富、人人聚财等。

（三）第三方合作

P2P 公司通过与互联网门户、小额信贷、担保公司等第三方机构合作开拓新兴获客渠道，增强业务捆绑度，在产业链上形成有效的合作分工。相比单纯的线上线下混合营销模式，采用第三方合作机制可以发挥 P2P 公司对合作渠道存量客户的鲶鱼效应，以相对透明的信息披露机制和较低成本的资金筹集方式提供贴身便捷的金融服务，挖掘双方合作的互补性需求，迅速积累起有参与兴趣的市场潜在社会投资人及社会融资人（借款人）。

在具体营销手段上，则主要采用国有信用担保、融资项目推荐、金融搜索引擎等方式，比较典型的有开鑫贷、有利网、91 金融等。

（四）资源整合营销

P2P 公司通过整合集团体系内资源或者外围社会资源，形成跨界融合的营销网络，利用大数据挖掘及精准营销导向方法，将社会投资人与社会融资人（借款人）进行广泛有效的需求匹配。这一模式往往产生于具有多方金融服务销售渠道或者跨界消费服务平台的大型集团公司，其自身已经拥有一定的互联网基因，在既有的消费群体及市场获客渠道基础上加强内外部资源的整合，拓宽 P2P 的盈利模式和增长点。

---

① O2O 即 Online To Offline（在线离线/线上到线下），是指将线下的商务机会与互联网结合，让互联网成为线下交易的前台，这个概念最早来源于美国。O2O 的概念非常广泛，只要产业链中既可涉及到线上，又可涉及到线下，就可通称为 O2O。主流商业管理课程均对 O2O 这种新型的商业模式有所介绍及关注。2013 年 O2O 进入高速发展阶段，开始了本地化及与移动设备的整合，为 P2P 行业发展提供了新的契机。

相比一般常规营销模式，资源整合条件下的营销激励更具有市场影响力和社会鼓动性，可以迅速提升 P2P 公司对最终客户的服务深度，形成综合内容价值体验。应该说，国内 P2P 公司目前在资源整合营销方面还处于起步阶段，尚未形成足够成熟的商业模式，未来可能进一步实现跨界融合。

在具体营销手段上，则主要采用集成推广、理财对接、跨平台信用评估、定制化精准推送等方式，比较典型的有陆金所、蚂蚁金服、百度金融等。

此外，我们也看到，银行、保险、基金、券商也正在逐步加入这一营销网络，与部分 P2P 公司开展跨界合作，资本市场、风投公司都在选择合适的投资对象①。

三、基本特点

（一）营销渠道多

为了主动把握难得的市场机遇，众多 P2P 公司"八仙过海、各显神通"，从各自擅长的资源积累和技术平台出发，建立了多元化的业务合作模式，将营销投入重点用于构建各种类型的差异化获客渠道建设上，如互联网门户网站、小额信贷公司、担保公司、媒体合作频道、第三方支付机构、大型电商平台等。

（二）市场力量活

面对中小微企业融资的市场化机制障碍，市场急需创新发展多元融资渠道，这为 P2P 公司通过营销扩大市场活力提供了机遇。可以看到，各家公司都积极通过做好市场宣传、增强信用资源和扩大优质项目来源等手段，树立品牌优势，不断创新产品的范围、内涵和类别，提高需求匹配的针对性。

---

① 2014 年以来，资本市场逐步成为 P2P 行业的主要角力点之一。其中，红杉资本、盛大资本、晨兴创投等风投成为 P2P 平台的战略投资人，如 WeLab、365 金融、有利网、点融网等。此外，嘉实基金开始进军 P2P 行业，民生加银与信融财富签署战略合作协议，博时基金与宜信联合推出"满盈宝"，等等。

（三）产品理财化

在利率市场化进程日益加快的大趋势下，老百姓对于相对高收益的理财产品具有较大积极性，这使得 P2P 公司在吸引社会投资人方面，往往采用接近理财产品募集资金的方式，提供分类别的投资模块，细分客户需求；在借款端，则通过对消费金融及产业部门融资需求的分类专门解决方案，提供具有市场吸引力的资金。

（四）服务网络化

伴随 4G 网络的商业应用，越来越多的移动互联网应用产生，在 P2P 行业领域也开始将营销平台扩展到这一领域，加强了对客户的服务网络化。同时，相比有形的互联网，部分 P2P 公司也将线下网络铺设到市场发展欠发达地区，这无疑将逐步缓解中西部地区中小微企业的资金供给，有利于形成高质量服务网络。

四、存在的问题

（一）营销模式同质化

绝大多数 P2P 公司仍然将营销模式的重点放在促销方面，关注首次注册量，客户后续粘性不强。在网站首页设置上，有不少公司热衷于将平均收益率放在显著位置，以吸引社会投资人，但其实这是一把"双刃剑"，会让社会投资人只关注收益率而忽视风险，也会让社会融资人（借款人）担心平台融资成本过高，产生逆向选择和道德风险①。

（二）大数据使用不足

大多数 P2P 公司都将自身平台的大数据挖掘，作为一项核心技术能力加以培养，并对客户需求及风险特征加以分析，形成具有一定参考价值的营销策略和信用评判。但是，相对于目前各平台已经披露的信息数据而言，

---

① 所谓逆向选择，是指优质的社会融资人（借款人）会担心融资成本过高，选择放弃这个平台，反而是一些高风险的社会融资人（借款人）会选择这个平台。所谓道德风险，是指一些已经在这个平台上获得资金的部分社会融资人（借款人）会由于平台融资成本过高而产生故意违约不偿还的内在动机。

整个 P2P 行业对于客户的大数据挖掘、使用、分析和共享仍然做得不够，尤其在征信系统机制建设方面，而这恰恰是提升整个行业营销服务水平的重要保障。

（三）偏向出借端，忽视借款端需求

在平台设立之初，大多数 P2P 公司关心的是如何筹集社会资金，通过有保障的收益率水平吸引社会投资人，因而将营销重点和成本投入主要放在出借端，但这样一来，往往会忽视借款端的有效需求，对于项目质量的要求，考虑到流量问题而有所放松。事实上，使 P2P 平台能够长久发展的营销基础，就在于源源不断的优质社会融资人（借款人），在这方面的营销投入可能更有价值。

（四）恶性竞争时有发生

由于 P2P 网络借贷平台的门槛较低，我国涌入该行业的 P2P 公司已经发生一定的异化，恶性竞争、诈骗事件时有发生，这种泥沙俱下的情况使得 P2P 的营销环境不断恶化，急需加强行业自律行为导向。

第三节　信贷管理分析

一、发展概况

从目前看，P2P 行业仍然以信贷管理类金融服务为主。信贷管理模式的发展主要经历了两个阶段：

一是初创模式阶段，确立了信贷管理的基本框架，对接中小微企业和消费领域的融资需求，形成一定的资金池，加以平滑投融资期限错配情况，但依然存在政策风险，表现为一系列的平台"跑路"现象。

二是向规范化发展阶段，形成比较完善的风控机制和策略，积累了一定的征信数据和社交化网络信息，在担保资源、产品定价、市场培育等方面加以明确标准，形成自律管理机制，引导监管政策方向。

从类别看，信贷管理的重点方向主要有小微信贷、消费信贷、行业信贷、金融产品分销、产业供应链融资、大单企业信贷等。

二、主要模式

（一）产品开发

为了加快项目周转率，P2P 公司在信贷产品开发上主要从三方面入手，分别是短期产品匹配、中期产品错配和证券化资产池。

首先，在短期产品上，主要围绕 1 年期以下的不同时间长度，设计相应的融资品种，解决资金来源期限相对较短的问题，如 1、3、6、9 个月，或者干脆让社会融资人（借款人）自己选定借款期限。

其次，针对 1 年期以上的中期融资需求，则基于期限匹配原则，在鼓励社会投资人提供中长期资金的前提下，允许适当范围内的期限错配产品开发，以促进资产规模增长。

最后，在确保期限匹配的条件下，从流动性需求出发，设计符合客户要求的第三方资产转让市场平台，构建初步具备证券化资产池机制的市场化利率交易渠道，为交易撮合提供基础性制度安排。

（二）信用结构

为了管控融资风险，P2P 公司在信贷管理过程中逐步建立起一套满足不同类型客户需求的信用结构，主要包括完全信用、第三方担保、抵质押、本金保证担保、保险等。

首先，针对中短期消费融资需求，在符合一定资质的条件下，对社会融资人（借款人）采取完全信用或账户内自身应收账款质押等方式给予资金①，这极大便利操作流程，激发市场融资需求。

其次，对于企业性质融资需求，则较多采用第三方担保、抵质押等信用结构方式给予资金，鼓励社会融资人（借款人）提供一定的反担保措施，

---

① 账户内自身应收账款质押，是指社会融资人（借款人）在 P2P 公司网站上也具有社会投资人角色，对平台提供放贷融资，因此，可以形成一定规模的应收账款，以此作为从平台获得融资的抵质押品，如拍拍贷等。

以激励社会投资人提供相对大额的融资信用。

最后，在上述基础之上，平台公司还往往会提供一定额度、一定期限内的本金保证担保、保险等信用结构方式，对社会投资人在平台上提供的融资资金给予保障，扩大积极性。

（三）市场定价

为了降低融资成本，P2P 公司在信贷资金定价上通常会采用信用等级定价、市场拍卖定价和资产池信用风险定价等方式给予融资安排。

首先，信用等级定价主要是根据社会融资人（借款人）的信用评估等级给予相应的融资利率区间限制，信用等级越高，则可以获得的融资利率下限越低，对于一些征信数据比较齐全的平台公司，往往会采用此种方式引导降低整个平台的资金成本。

其次，市场拍卖定价主要是由社会投资人共同参与社会融资人（借款人）的市场融资利率竞价，由出价低者得之，若在限定时间内融资项目标能够完成投标筹集，则借贷契约确立，这一模式主要在传统 P2P 平台公司中得到一定应用，有利于市场发现价格，引导双方资金供求平衡。

最后，资产池信用风险定价主要是针对整体融资项目的期限与利率架构，由平台公司出面以社会融资人（借款人）一定的资产池为质押基础，采用打包方式向社会投资人筹集分档次、分类别的资金理财计划，在某种程度上担当具有市场信用评估功能的融资信息匹配中介角色。

（四）担保资源

为了提高信用水平，P2P 公司在保障措施上会从外部合作、自身差额补足、市场化工具创设等方面提供多种资源，解决平台发展的信用瓶颈问题。

首先，平台公司会与外部担保方合作，由社会各类担保机构为平台上的互联网金融项目提供担保支持，包括部分具有担保资质的小额信贷公司。当前，为了充分挖掘蓝海市场，有些平台公司开始尝试面向大企业上下游的广大中小企业提供产业供应链融资，由这一大企业提供外部担保，利益共享，如正在筹备中的清果金服"小存折"（www.xiaocunzhe.com）等。

其次，针对部分外部担保资源比较缺乏的平台，平台公司会在有限范围内对信贷风险最终损失提供差额补偿资金，并且主要针对本金部分给予保障承诺，同时，向每个社会融资人（借款人）提取一定比例的风险损失准备金，构成准保证金性质的自身担保资源。

最后，金融创新方面，保险公司正积极尝试为 P2P 平台创设市场化信用工具，提供传统保险类、信用保险类和保单质押类产品，包括给投资人账户资金安全买保险、给借款人买人身意外险、给抵押物买保险、对贷款损失提供信用保险、允许保单质押融资等，如宜信与国寿财险合作信用保险、开鑫贷"保鑫汇"等。

（五）贷款管理

为了优化信贷流程，P2P 公司在贷款管理机制上主要采取外包专业机构、自身专业管理、市场化自助管理等方式，加强贷款全流程优化管理。

首先，从提高平台运作效率和实现专业化分工角度出发，不少平台公司选择将贷前信息调查、贷后管理、贷款催收等工作外包给小额信贷公司、担保机构及专业贷后管理机构等，以实现利益捆绑与共享，同时降低自身管理成本。

其次，对于一些具有较大运营实力和技术风控能力的平台，则会选择在信贷策略、贷前调查、风控审核、贷款决策、贷后管理等环节，强化自身专业管理能力建设，通过大数据、高科技和专业化风控体系来降低运行成本，实现优化管理。

最后，在一些小额分散式互联网金融项目上，平台公司会采用更为市场化的自助管理模式，如消费金融领域往往采取类似信用卡透支还款的自助式贷前调查、贷后管理及自动偿还机制，尽可能提高融资对接效率。

三、基本特点

（一）开发品种多

从产品开发角度看，目前 P2P 行业的创新能力很强，处于差异化发展竞争的初期阶段，利用互联网的网络正外部性①，将东部资金有效引导至中西部地区，加大地区间金融资源的优化配置，很多开发品种兼具多重功能。这些产品既要解决融资需求，也要能实现理财目标，加强系统性资源对接，提升综合服务功能，如消费金融、公司金融、农村金融、小微金融、票据金融、股权金融等。

（二）管理基数广

从信贷管理模式看，目前 P2P 行业的参与范围很广，充分体现了信息中介的功能定位，按不同区域市场特征进行分级管理，将社会投资人及社会融资人（借款人）的双向需求都整合到平台服务上。对于一些以线下营销及外包贷后管理为主要合作模式的平台，则会涉及更多的管理层级，要求在信息甄别、信息对接、信息处理和信息挖掘等方面，建立高效便捷的系统机制，提升客户体验响应度。

（三）需求多样性

从需求分析角度看，目前 P2P 行业的多样性特征明显，不仅限于传统的民间借贷阳光化，而是从节约时间价值和交易成本的内生动力出发，依托互联网（包括移动互联网）实现金融资源优化配置后的成果分享，破解传统体制约束下的金融抑制效应，如提供小额中期流动性资产配置、增加金融资产组合多样性、减少契约的信息交换与转移成本、实现利率市场化定价等需求。

（四）产业纵深加大

从产业链价值创造看，目前 P2P 行业的产业纵深发展不断扩大，已经从单纯借贷模式逐步向信托、票据、保险、股权基金等资产领域扩展，如梧桐理财以信托资产再融资为主。这是基于"点到点"的本质特征，在分布式网络环境下形成的自然演进。

在横向范围扩大的同时，P2P 行业的纵向产品价值链也在深化，对于交

---

① 所谓网络正外部性，通俗理解就是随着网络中节点数量或者参与者的不断增加，市场边际成本不断降低，在一定条件和程度下会形成正反馈效应，实现帕累托效率改进。

易产品的期限灵活性、打包类别、抵质押品、市场转让交易等加以进一步优化，形成差异化的产品解决方案，满足平台交易双方的资金匹配需求。

四、存在的问题

（一）对实体经济支持作用有待加强

金融创新离不开对实体经济的内在实质支持，否则就是空中楼阁。当前，P2P 平台对于自身所服务的实体经济行业，在其内生发展趋势及市场走向等方面的分析仍相对较为浅显，不具备较好的前瞻性和风险可控性，对社会投资者引导性不强，资金成本短期内难以真正下降，加之管理机制相对比较粗放，使其对实体经济的支持作用不突出，导致全社会低估了这个行业的市场价值。

尽管 P2P 行业对于小微企业发展有明显的低成本优势，但出于吸引社会投资人的内在动因，会倾向于选择高收益项目，对形成低成本筹资能力的贡献仍不明显，相对于传统金融的既有模式，其真实效果还有待观察和跟踪披露。

就资金供需的匹配性而言，实体经济对资金效率及融资成本较为关注，但在行业导向上，P2P 公司偏向于消费金融和抵质押项目，信用融资则可能存在套利现象，没有真正做到有效支持实体经济发展。

（二）资金使用透明度仍然较弱

从信贷管理全流程看，P2P 行业资金使用透明度问题主要表现在三个方面：

一是信息披露不到位，尽管有年报、季报提供，但还未形成具体项目的信息披露标准，对于社会投资人直接参与风险信息甄别的机制没有完全建立，不能对资金安全及交易透明度形成有效的引导和监督。

二是资金流向不清晰，在规范性要求下资金应该从社会投资人账户直接划到社会融资人（借款人）账户，但有机构仍变相采用资金池模式，难以跟踪资金流向，而且即便是到了社会融资人（借款人）账户，现在平台公司也还做不到持续跟踪资金流向。

三是还款来源不可查，尽管有部分平台公司有相关内容披露，但多数公司并没有严格建立社会融资人（借款人）还款来源的定期评估、跟踪及信息披露规范，社会投资人对其融资还款来源的可靠性缺乏直观、明确、可跟踪的了解途径和工具。

（三）投融资双方需求分析引导不够

我们有必要对社会投融资双方的需求分析加以引导，这样才能有效实现最优化资源配置。从目前来看，P2P 行业在投资人的本金收益保障及资金安全性需求等方面，战略性考虑仍有欠缺，在行业未来"去担保"的大趋势下，尚未真正建立起具有创新价值和可持续的产品保障体系，不能有效引导客户关注长远利益。

与此同时，平台公司对借款人控制融资成本的需求分析也不够，仅停留在以逾期坏账率为核心管控指标的风险定价决策层面，尚未从扩展市场化融资渠道及优化管理流程效率角度出发，着眼于切实降低社会融资人（借款人）成本，引导其形成良好的资金"借、用、管、还"等行为习惯。

第四节 风险管理分析

一、发展概况

从 2006 年至今，P2P 行业在不断取得突破性发展的同时，频频爆发的坏账、"跑路"等问题令人担忧，为行业蒙上了一层前途未卜的阴影。当一些前期发展较好、较为稳健的平台逐步获得资本市场的认可、拥有强大财力后盾的时候，一些小型 P2P 平台却由于经济结构性调整的影响，尽量蓄力过冬。但总的来看，P2P 平台整体风险溢价水平在逐步下降，有利于市场风险控制。根据网贷之家数据，2014 年 2 月，社会投资者的收益率还在21.63%，到了当年 11 月则只有 16.3%，基本上大半年时间下降了 5.33%，这是一个很正常的现象，表明 P2P 平台风控水平正在不断提高，得到社会资本的逐渐认可。

从发展阶段看，P2P 行业主要经历了两个时期的风险管理模式，其一是早期阶段，主要依靠内外部担保资源为主的被动式风控模式；其二是发展改进阶段，在上述基础上走向更为精细化的风险引擎策略，形成以管控审批通过率为主的自主式风控模式。应该说，这两个阶段的自然演进表现出互联网模式下，对于风控体系的超前性要求，即不能单纯依赖外部因素防控风险，而是要加强平台自身的全方位风险管理意识和技能培养。

着眼未来，可以看到，在今后一个时期，如何增强评级、征信、尽职调查、风险概率事件挖掘等环节的能力水平和技术覆盖率，将是决定风险管理质量的重要内容，不能再仅限于传统的风控思维和模式。

二、主要模式

（一）评级方法

观察国际通行的 P2P 行业风险管理范式，我们可以看到，采用打分表方式进行信用评级是常见的市场化风控手段。不同机构采取各自略有差异的风险评级模型，具体评估因素包括社会融资人的个体信息、财务状况信息、公开及第三方征信记录、项目所属行业风险、社交网络行为信息、资金用途、还款意愿、信用结构、抵质押品、账户资金流情况等。

实际上，行业内尚未建立起真正适应未来社会投资者自主决策的风险评估模型，P2P 平台在担当信息和交易撮合中介的同时，往往还在扮演着风控管理决策者的角色，以整体平台项目融资审批通过率作为大的风控平衡尺度。为此，在大数据变革的环境下，如何能够尽早开发出适合社会投资人对 P2P 项目进行自主风险评估决策的开放式信用评级模型和数据库，将成为促进行业发展的重要推动力，如阳光宝利正在研发开放式的"实用个人 P2P 理财风险评估模型"。

有人或许认为 P2P 公司评级是最重要的，但这只是对信息服务中介综合实力的排名，并不是对每个具体融资项目的真正风险评估，平台公司并不承诺完全连带担保，即便是所谓 AAA 级的 P2P 公司也不能保证社会投资人的每笔投入资金都不会产生损失。因此，两者不能混为一谈。

（二）大数法则

对于保险行业而言，大数法则并不是一个陌生术语，这是保险公司百年不倒的根本所在，但其对系统性风险，则依然束手无策。这一法则的通俗理解是指，对于风险发生的概率要以最小为原则进行交易或产品设计，只有这样才能使最终的损失得到有效控制，但前提是有数量足够大的交易对象或产品参与者。

那么，对 P2P 行业来说，这一法则难道就有那么重要吗？的确，这一点在行业内也并未形成共识，因此，有些平台公司会倾向于做大单融资项目，降低线下营销的风控成本。但是，从 P2P 行业自身"点到点"这一基本特质出发，只有真正实现了在广阔地理与行业范围内的风险有效分散，才能将互联网金融在交易、支付、信息和数据挖掘等方面的成本优势和监督优势发挥出来。

具体来讲，大数法则的作用和重要性体现在以下三个方面：

一是在项目端筛选足够多的合格社会融资人项目，降低单一大额融资项目的系统性风险，避免因单一大额项目的损失风险，导致 P2P 平台的瞬间崩溃。

二是在投资端通过小额分散投资模式，吸引足够多的合格社会投资人，将其投资资金通过"多对多"方式分散于平台各类项目中，形成组合式风控管理，降低筹资难度和融资成本。

三是基于大数据挖掘与信息匹配，使 P2P 项目在数量足够多时，在较短时间内实现比较有效的交易撮合，降低交易双方的时间价值成本，并且在一定程度上实现多元化风险监控。

（三）信息挖掘

当前，我们都在关注大数据所带来的新时代、新方法和新机遇，P2P 行业尤其对信息数据挖掘较为关注，将此作为风险管理和市场营销的重要工具。那么，我们到底需要挖掘什么样的信息，来实现互联网金融时代的风险管控呢？

首先，信息挖掘不同于简单的数据集中、整理和分析，而主要是将社会融资者的行为和项目本身所涵盖的风险因素加以综合评价，从中发现和判断潜在的重大风险概率事件或虚假信息源，为融资决策提供依据。

其次，信息挖掘要寻找触发风险概率事件的规律性特征，为具体社会融资人的整体授信空间做出前瞻性的预判，不至于导致超额授信的情况出现，这就必须加强与征信部门、行业协会、第三方机构等的合作，共享社会融资人的债务信用信息。

最后，信息挖掘不是简单的对存量数据加工处理，而是在更大程度上创造新的价值信息，为社会融资人的具体项目风险定价，提供可参考的判断依据，引导其采取有利于降低自身社会融资成本的行为模式，实现信息对称性的实质性提高，从而真正降低互联网金融的交易成本。

（四）担保规则

毋庸置疑，国内 P2P 行业在近中期内还无法真正摆脱对担保资源的市场依赖，这是中国社会诚信体系建设过程中的阶段性特征。因此，我们有必要建立 P2P 项目风险管理中的担保规则。

首先，以市场化机制推进担保模式的专业化，不局限于平台向社会融资人收取的风险损失准备金（或称为保证金），鼓励社会各类机构参与提供适合互联网思维的担保资源或保障性工具。

其次，从外部采购担保资源，不能由 P2P 平台自身提供担保，将担保机构的担保范围、费率水平、内部流程、反担保措施、追债机制等纳入信息披露范畴。

最后，通过产品创新吸收更多担保资源，引入互联网信息中介，将传统的担保公司、小额信贷公司、保险公司、政策性担保基金等逐步对接到 P2P 行业的融资项目中，形成互联网金融的专业化担保合作网络。

应该说，这三大规则是促进行业加速发展的重要基石，有一些 P2P 平台已经在做这方面的尝试，如陆金所引入的平安融资担保公司、开鑫贷的大型担保公司和江苏小贷行业生态圈、有利网的小额信贷担保合作网络、财路通的国寿财险信用保险等。

（五）信用增级

除了担保资源外，P2P 平台还通过三个方面来提供相应的信用增级服务。

首先，开发适合互联网金融模式的多样化增信手段，如社会融资人信用评级及其提供的抵质押物、投资人账户内应收账款质押（身份转换为融资人）、市场化资产转让平台、收益权质押、金融资产抵押、流动性风险准备金等。

其次，发挥行业协会组织优势提供合作共享的信用数据库，避免各家 P2P 公司相互恶性竞争，不能共享黑名单，反而增加了征信成本①，让赖账者有了可乘之机，如上海市网络信贷服务业企业联盟正在搭建这一信息共享平台。

最后，构建开放式的全社会互联网金融征信体系，相比传统人民银行征信体系仅包括信用卡及贷款融资信息，这一体系将包括个人及企业的社交网络信息、工商行政信息、互联网金融交易信息、消费行为不良记录、市场融资违约记录等，如隶属于人民银行征信系统的上海资信有限公司，正在搭建这一开放式平台——网络金融征信系统（NFCS）②，但在市场化运作效率及公平性等方面还有待进一步加强。

---

① 据业内不完全统计，这部分成本投入（征信成本）将占到 P2P 平台整体运营成本的 6% 左右。

② 网络金融征信系统（NFCS）收集并整理了 P2P 平台借贷两端客户的个人基本信息、贷款申请信息、贷款开立信息、贷款还款信息和特殊交易信息，通过有效的信息共享，帮助 P2P 平台机构全面了解授信对象，防范借款人恶意欺诈、过度负债等信用风险。NFCS 系统可以帮助互联网金融企业解决如下核心问题：（1）放大互联网金融的违约成本，降低行业总体经营风险；（2）帮助互联网企业全面掌握融资主体的负债水平和历史交易表现，优化互联网企业信审流程，降低成本；（3）帮助投资人了解投资对象的真实信用水平，为互联网企业被迫超自身能力提供担保获取资金的局面解困。NFCS 系统的建设目标是实现网贷企业之间的信息共享，打通线上线下、新型金融与传统金融的信息壁垒，让网贷违约也无处遁形。NFCS 系统是网络金融开展业务的必要基础设施，是人民银行征信系统的有效补充。

三、基本特点

（一）仍然以担保为主

从风险管理的操作层面考虑，当前 P2P 行业对于担保资源的依赖仍然客观存在，这是规避行业起步阶段市场不确定性风险的有效工具，但也导致社会融资人（借款人）成本难以下降。面对众多的社会融资人（借款人），单一的抵质押品并不能让社会投资人完全信任其融资风险可控，而且从互联网金融交易的效率考虑，也无法对抵质押品做到及时、完整和有效审查，而担保资源可以优化这一过程。

（二）强调信息集中化

在收集、整理、分析和挖掘风险信息的过程中，为了加快业务响应及提升风险决策体系的整体效率，P2P 公司都比较强调信息集中化处理，构建内外部相结合的统一数据处理平台，将社会投资人和社会融资人（借款人）的双向交易行为都进行实时跟踪记录，建立风险策略搜索引擎和快速审核机制，基于风险评估模型及测算结果，对融资项目进行集中化信息交换匹配，实现资金交易撮合。

（三）推进系统化评价

目前，社会舆论对于"P2P 跑路平台"的欺诈风险十分关注，这既引起了监管部门的重视，也使得 P2P 行业自身谋求能尽快建立起具有公信力的平台市场化评价机制。因此，从风险管理的框架体系考虑，加快推进 P2P 行业的系统化评价正成为一项重要工作，但又不能仅仅理解为一般的金融机构评级，而是基于平台信息中介服务效率、信息透明度、风控管理水平、市场化定价能力、信用增级手段和资本运营实力等综合因素的系统化评估，不能误解为资信评级。

（四）需加强资源共享

从降低风险管理的全社会成本角度出发，P2P 行业在加强资源共享方面已经形成了一定的共识，包括共享黑名单、互相打开资产包、联合融资、交换信用信息等。实际上，目前在社会融资人（借款人）方面的信息共享还是相对充分的，主要反映在跨界的金融合作之中，但在社会投资人方面，则各方共享资源的积极性不够，更多表现为竞争性行为，这实际上并不利于行业的整体发展，对于优质合格社会投资人和社会融资人（借款人）的培育，要有一个漫长过程。

四、存在的问题

（一）信息资源薄弱，未形成以大数据为主的风险管理体系

一是我国未形成具有公信力的征信体系。征信体系作为互联网金融发展的基石之一，无疑是促进 P2P 行业发展和实现有效风险管理的关键性金融基础设施。作为草根金融的发源地，民间借贷长期以来不能实现阳光化，就是因为缺乏统一开放和具有公信力的征信体系。应时而动，中国人民银行于 2015 年初发布《关于做好个人征信业务准备工作的通知》，要求腾讯征信、深圳前海征信等 8 家机构做好个人征信业务的准备工作，准备时间为6 个月，正式开启个人征信业务的市场化时代。

二是 P2P 网贷平台的客户资料、交易信息、信用、流水记录还未完成初始积累，使得风险管理依然依靠线下风险管理团队，造成较大的管理成本，而且风险管理的效果依然取决于线下团队的规模和质量。

（二）对社会投资人的保护不到位

中国人民银行副行长潘功胜此前在 2014 中国支付清算与互联网金融论坛上透露，目前，人民银行正在牵头制定促进互联网金融健康发展的指导意见。中国人民银行将按照"适度监管、分类监管、协同监管、创新监管"的原则，建立和完善互联网金融的监管框架。

这其中最重要的一条，就是要加强对社会投资人的消费者权益保护，单纯依靠担保抵押等传统风控措施，可能会产生一定的负面效应，使得刚性兑付成为制约 P2P 平台良性发展的制度性障碍。对社会投资人而言，最关键的是要在筛选项目时能够避免社会融资人（借款人）产生逆向选择行为，将风险在事前予以规避。

因此，在 P2P 领域，平台本身不得搞担保，不得归集资金搞资金池，

不得非法集资和非法吸收公众存款，这些都已成为保护社会投资人的基本底线。

（三）缺少切实有效的法律追债机制

由于中国并未将网络借贷行为纳入《贷款通则》范畴内，因此，对于P2P行业而言，一旦出现风险损失事件，社会投资人很难直接向社会融资人（借款人）进行法律追索，而且，平台项目资金匹配的大数法则作用，使得一个项目发生坏账，往往涉及数十个、乃至上百个债权人的维权问题。

为此，P2P平台已经将违约后的个人信息披露作为一个补偿性的制约机制，但对于如何能够整合所有项目损失债权人的利益，统一对社会融资人（借款人）进行法律追债，已经成为一个重要挑战；相应的，如何降低追索成本和建立互联网模式下的高效法律追债机制，也成为各家P2P公司在加强市场营销与形象宣传时所面临的棘手问题。

直接透明、灵活高效、风险分散、门槛低、渠道成本低是P2P平台的特点，但如果不能找到一种切实有效的法律追债机制，没有大数据、征信报告和对借款端的控制，则前述这些好的特点都不值得一提。

（四）期限错配风险仍然较大

目前，主流的P2P公司已经通过技术创新和与第三方支付平台的合作，逐步实现社会投资人与社会融资人（借款人）之间的资金账户直接划转。但是，相比银行类金融机构，P2P公司由于自身风控能力有限、市场经验积累不足、监管政策不确定、宏观经济景气不佳、投资人认知度不深、社会资金成本不低等多方面因素，其自身在资金筹集上依然无法获得中长期的投资者来源。

然而，众多互联网金融项目的资金回款周期相对较长，多数采用按揭还款模式，这将导致P2P平台的资金流期限转换频繁，无形之中加大了平台所面临的期限错配风险。

第四章　P2P网络借贷的国际经验比较

自从全球第一家P2P网络借贷平台Zopa于2005年在英国成立以来，这一创新型的个人对个人的网络借贷方式，以个性化的定价机制及高效便捷的操作方式，在世界范围内迅速发展并展示出了广阔前景。

国际上的P2P平台按照是否获利可以划分为盈利性平台和非盈利性平台，代表平台如表4-1所示。

表4-1　　　　　　　　　国际P2P平台类型划分

	盈利性平台	非盈利性平台
美国	Lending Club、Prosper	Kiva、SoFi及Zidisha
英国	Zopa	—
德国	Smava、Auxmoney	—
日本	Maneo、Aqush、SBI、Crowd Bank及Crowd Credit	Ready For、Campfire及Makuake

如果按照行业周期理论将国际上盈利性的P2P平台做一个划分，大致可以分为表4-2所示的三个时期。其中，英美P2P已经进入成熟期，德日P2P处于成长期，其他国家由于自身社会环境和文化制度的不同，P2P仍然处于发展期。

根据专业网站P2P-Banking披露的信息，截至2014年10月底，P2P市场规模达到17.4亿美元，较之2013年增幅近161%。2014年全球最大的P2P网贷平台Lending Club成交量47亿美元，另一家平台Prosper将达到13亿美元，其他平台将在2.5亿美元之内。

表 4 - 2 国际上盈利性 P2P 平台的类型划分

周期类型	代表平台
成熟期	美国 Lending Club 和 Prosper；英国 Zopa
成长期	德国 Smava、Auxmoney；日本 Maneo、Aqush、SBI、Crowd Band 及 Crowd Credit
发展期	澳大利亚 Societyone、南非 Lendico、冰岛 Uppspretta、巴西 Fairplace、西班牙 Comunitae、爱沙尼亚 Bondora（前身 IsePankur）、意大利 Prestiamoci、法国 Pretd Union、韩国 Popfunding

由于篇幅所限，本书针对性地选取了各国目前规模较大、具有较大影响力和代表性的盈利性 P2P 网络借贷平台，通过分析各国 P2P 平台的发展环境，得出一些可供我国 P2P 行业借鉴的发展经验。

第一节 美国 P2P 网络借贷发展状况

一、发展现状简括

美国 P2P 行业活跃度高、行业运行规范，一直被业界视为典范。美国 P2P 平台按照运营模式分为盈利性平台和非盈利性平台两大类。其中，盈利性平台 Lending Club 占据了国内 75% 的市场份额，是目前美国第一大 P2P 平台。Lending Club 和 Prosper 两家目前共计占据美国 P2P 市场 96% 以上的份额。P2P 网络借贷已经成为美国增长最快的投资行业，每年增长率超过 100%，贷款利率介于 5.6% - 35.8%，逾期率介于 1.5% - 10%。本节重点讨论盈利性平台的发展现状。

（一）关于 Lending Club

Lending Club 公司成立于 2007 年。该公司于 2014 年初获得谷歌 1.5 亿美元的投资，并已于 2014 年 12 月 12 日在美国纽交所上市，成为第一家在纽交所上市的 P2P 平台①，市值在 80 亿美元左右。根据 Lending Club 网站披露的数据，截至 2014 年 9 月底，平台累计贷款量 62.05 亿美元，仅 2014 年

百万美元

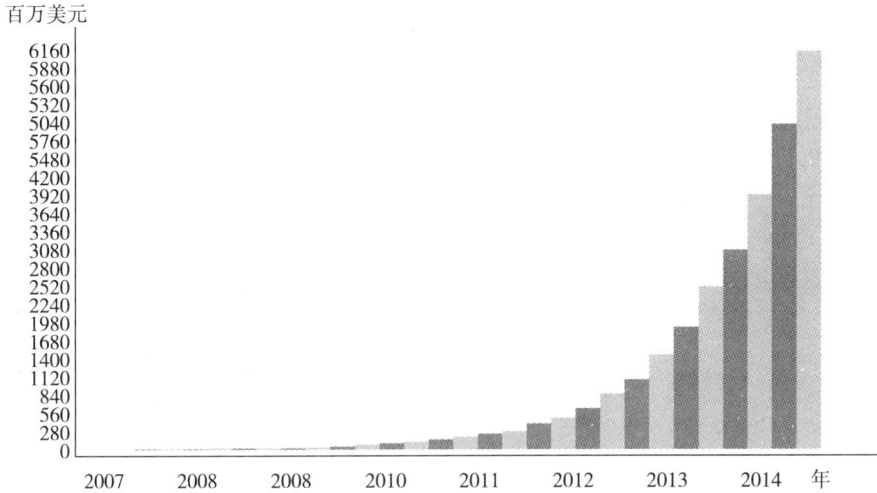

资料来源：http：//www. lendingclub. com/info/download – data. action。

图 4 – 1　Lending Club 累计贷款量（年度）

百万美元

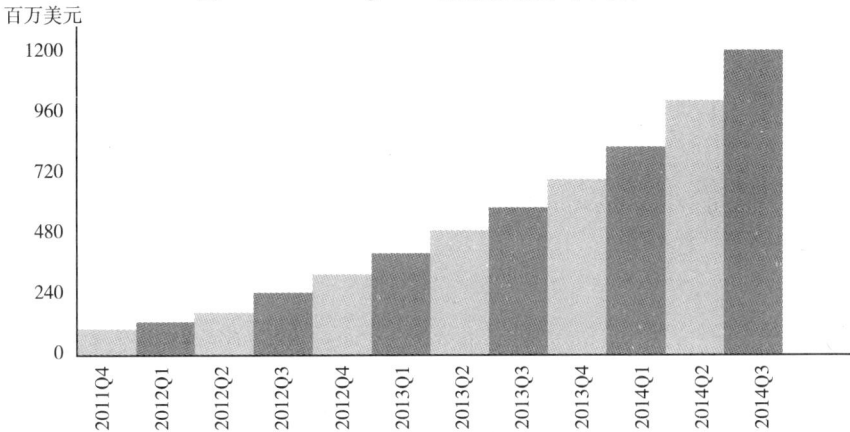

资料来源：https：//www. lendingclub. com/info/download – data. action。

图 4 – 2　Lending Club 累计贷款量（季度）

———————

① 2014 年 12 月 17 日，美国 P2P 平台 OnDeck 在纽交所上市，成为继 Lending Club 之后第二家在纽交所上市的 P2P 平台。

第三季度贷款量就达到 11.65 亿美元，2013 年底累计贷款量超过 30 亿美元，平均逾期率 3.9%。2014 年第四季度平均投资收益率 3 年期为 12.07%，5 年期为 16.92%，综合平均投资收益率为 14.09%。

（二）关于 Prosper

Prosper 成立于 2006 年 2 月，自成立以来先后得到了专业投资机构 Accel Partners、Benchmark Capital、Fidelity Ventures、Omidyar Network 及 MeritechCapital 共计超过 2000 万美元的风险投资。平台建立初期曾经因为经营模式存在争议在 2008 年被美国证券交易委员会勒令关闭，后于 2009 年重新开始经营。根据 Prosper 网站披露的数据，截至 2014 年 10 月底，公司贷款量 4.07 亿美元，目前累计注册会员超过 150 万人，平均逾期率为 1% - 2%。

二、运营模式

本章对运营模式的界定基于平台对借贷交易的直接或间接介入程度。每个平台由于自身的发展定位不同，在运营中选择的模式也不同。

（一）关于 Lending Club

Lending Club 属于"线上纯信息中介"的 P2P 网络借贷平台。虽然平台本身不负责担保投资人本金安全及垫付投资人的损失，但是平台旗下设立了全资子公司 LC Advisor，由该投资顾问子公司（类似基金管理人）专门负责保障投资人本金安全。

（二）关于 Prosper

Prosper 属于"线上纯信息中介"性质的 P2P 网贷平台，是典型的市场化借贷中介平台，投资人和融资人完全是自主交易，平台仅仅是为借贷双方提供服务、最终撮合借贷方达成交易的中介，不负责投资人本金安全。

三、贷款定价机制

Lending Club 根据借款人的信用等级制定差异化利率。Prosper 采取竞标方式确定利率。利率由借贷双方交易撮合形成，利率要求低的投资人相对容易取得标的。

四、产品盈利模式

以 Lending Club 和 Prosper 为代表的美国 P2P 平台收入来源主要有以下两部分：（1）向借贷双方收取的服务费收入，即平台公司按照贷款金额的一定比例分别向投资人和借款人收取的服务费；（2）交易费收入，即平台公司根据实际情况收取的借贷息差。

需要说明的是，对于有限合伙形式投资的机构投资者，平台公司要额外收取管理费。

五、违约风险控制措施

以 Lending Club 和 Prosper 为代表，美国 P2P 违约风险控制措施有以下几方面特点。

第一，对借款人交易准入资格的审查非常严格。借款人必须达到平台所要求的最低信用分数，Prosper 要求借款人信用评分不低于 640 分，Lending Club 要求借款人信用评分不低于 660 分。平台会根据征信局提供的借款人信用分数和信用记录判断借款人的信用等级，预计损失率。同时，平台也会使用信用评分模型（FICO）量化借款人信用分数。通过征信局提供的征信报告及自身的 FICO 模型有效降低信贷风险。

第二，对投资人有一些适当性的要求，比如需要投资人提供能够确认身份的基本信息以及达到州证券监管部门要求的最低收入或资产水平资料（比如总收入 7 万美元以上、个人净资产 25 万美元以上），投资人不需要专门去做信用评估。投资人的资金存放在由联邦存款保险公司（FDIC）承保的金融机构的单独账户中，以确保投资人的资金和平台自有资金的分离。

第三，根据投资人的风险偏好设立差异化投资产品，减少操作风险。Lending Club 平台根据投资人的偏好设立差异化基金，比如专门投资低风险借款人的保守信贷基金 CCF 和专门投资中等风险借款人的信贷基金 BBF。

第四，借助社交网络平台减少风险。比如 Lending Club 的交易是基于包括 Facebook 应用平台在内的社交网络平台，社交网络降低了借贷双方的信息不对称性，减少了违约风险。

第五，风险处置措施健全。首先，与专业投资机构 Foliofn 合作，一旦发生逾期，投资人可以折价将债权转手卖给 Foliofn；其次，制定了破产后备计划。平台与第三方机构（比如 Prosper 创立的 Prosper Funding 公司）合作，如果平台破产，第三方机构负责接管平台的运营，继续服务于投资人，保护所有投资人免于受到平台破产风险的波及。

六、监管模式

首先，美国 P2P 监管是基于道德约束和社会惩罚框架及现有的一套较为成熟的法律法规体系的监管，主要采取政府监管模式。美国政府对 P2P 网贷监管较之其他国家介入较早。美国的 P2P 平台的监管者主要有五大主体：州和联邦相应监管机构、政府问责办公室、消费者金融保护局（CF-PB）、网络借贷维权委员会和美国证券交易委员会（SEC）。其中，SEC 是监管主体。SEC 要求所有 P2P 平台必须根据《证券法》（1993），把它们的服务注册为证券，P2P 平台必须获得 SEC 颁发的证券经纪交易商牌照。P2P 平台注册后每年必须向 SEC 报告贷款情况并在公司网站上披露。

表 4 - 3 美国 P2P 的监管模式

	监管者	监管重点
政府监管	SEC、州和联邦监管机构、政府问责办公室、消费者金融保护局、网络借贷维权委员会	保证投资人被公平对待；保护借款人隐私；关注借贷双方的教育背景

其次，美国将 P2P 网络借贷纳入现有的法律框架中。美国法律中关于消费者保护及金融中介的立法已经相当完备，现有法律基本能够覆盖 P2P 网络借贷行业，不存在法律空白。具体见表 4 - 4。

表 4 - 4　　　　　　　　　　　　美国 P2P 法律框架

法律条款	监管重点
《联邦贸易委员会法》 （1914）	保证投资人被公平对待；保护借款人隐私；关注借贷双方的教育背景
《证券交易法》 （1914）	发行人销售注册证券后，需要满足持续披露要求
《诚实借贷法》 （1960）	投资人必须为信贷条款提供统一的便于理解的披露文件；对信贷广告进行监管；赋予借款人更新有关信息披露和贷款余额处理的相关权利
《公平信用报告法案》 （1970）	在允许的情况下，可以获得消费者的信用报告；要求相关人士向信用局报告准确的信贷信息；要求投资人制定和实施身份盗用预防方案
《银行保密法案》 （1970）	要求金融机构实施反洗钱程序，并把联邦政府指定的、资产被冻结以及通常被要求禁止与其交易的国家与公司拉入黑名单
《平等信用机会法案》 （1975）	禁止投资人基于信贷申请人的以下信息进行歧视对待：种族、肤色、宗教、国籍、性别、婚姻状况、年龄、申请人的收入是否来自公共援助计划、申请人是否根据联邦消费者信用保护法或任何国家适用的法律真诚行使权利
《公平债务催收法案》 （1977）	为第三方债务追讨行为提供指引和限制；要求进行债务通知；禁止在债务追讨过程中实施威胁、骚扰等行为
《电子资金转账法案》 （1980）	为消费者提供从自己银行账户中划拨电子资金的权利
《证券法》 （1993）	除非有豁免，所有参与公开证券发行的发行人都必须向 SEC 注册证券
《金融服务现代化法案》 （1999）	限制金融机构向非关联第三方泄露消费者非公开个人信息，要求金融机构在对外披露共享消费者信息前需先告知消费者，并告诉消费者有权拒绝自己的信息被某些非关联第三方共享

续表

法律条款	监管重点
《全球及国内电子签名商业法案》（2000）	授权建立使用具有法律约束力及可强制执行的协议；要求在消费交易中使用电子记录和签名的企业必须征得消费者的同意
《多德—弗兰克法案》（2010）	在联邦储备委员会下设立新的消费者金融保护局，对提供信用卡、抵押贷款和其他贷款等消费者金融产品及服务的金融机构实施监管

资料来源：根据 Person – to – Person Lending：New Regulatory Challenges Could Emerge as the Industry Grows，U. S. Government Accountability Office，2011 及 Chapman & Cutler LLP 律师事务所 2014 年 4 月发布的关于 P2P 监管白皮书整理。

第二节　英国 P2P 网络借贷发展状况

一、发展现状简括

根据 Lend Academy 在 LendIT2014 全球网贷行业峰会公布的报告，英国目前有约 30 家 P2P 平台，RateSetter、Funding Circle 及 Zopa 三家平台共计占英国 P2P 平台市场规模的 95％。根据英国 P2P 金融协会（P2PFA）披露的数据，2014 年上半年英国 P2P 市场网贷规模达到 5 亿英镑，逾期率不到 1％。2014 年 10 月英国财政部发布的秋季报告提出，投资人可以用 P2P 平台中取得的盈利抵消坏账、对 P2P 平台引入新的减免税收政策。可以预见，未来英国 P2P 的市场份额会进一步增加，行业发展速度会进一步提升。

（一）关于 RateSetter

RateSetter 成立于 2010 年 10 月，截至 2014 年 12 月注册会员 648536 人。该公司目前已成为全英最大的 P2P 平台。根据 RateSetter 网站披露的数据，截至 2014 年 12 月底，平台撮合成交规模 44573.06 万英镑。RateSetter 2013 年成交规模增加 219%，同期整个行业增长了 107%。平台近几年的贷款逾期率如表 4－5 所示，逾期率明显改善。1 年期年化投资收益率为 3.7%，3 年期投资收益率为 5.7%，5 年期投资收益率为 6.1%。

表 4－5　　　　　　　　　RateSetter 近年逾期率

年份	2010	2011	2012	2013	2014
逾期率（%）	1.938	0.675	0.898	1.040	0.342

资料来源：https：//www.lendingclub.com/info/download－data.action。

（二）关于 Funding Circle

Funding Circle 成立于 2010 年。根据 Funding Circle 网站披露的数据，截至 2014 年 12 月底，平台成交量 20400 万英镑。2013 年成交量为 12900 万英镑，平均投资年化收益率为 6.4%。平台近几年逾期率如表 4－6 所示，2014 年 12 月逾期率为 0.2%，远低于美国最大的 P2P 平台 Lending Club（3.9%）的逾期率。

表 4－6　　　　　　　Funding Circle 近年逾期率与成交规模

年份	2010	2011	2012	2013	2014
逾期率（%）	4.10	6.00	3.80	2.00	0.20
成交规模（万英镑）	200	1700	4900	12900	20400

资料来源：https：//www.fundingcircle.com/statistics。

（三）关于 Zopa

Zopa 成立于 2005 年 3 月，是全球首个 P2P 网贷平台。截至目前，Zopa 累计共有 70 万会员。从建立到现在，Zopa 公司得到了包括 Benchmark Capital、Bessemer Venture Partners、Wellington Partners Venture Capital、DFJ 合伙人 Tim Draper、罗兰家族及罗斯柴尔德家族等多家重要投资者累计 2000 万美元的注资，如今业务已扩至意大利、美国和日本。根据 Zopa 网站披露的数据，截至 2014 年一季度，Zopa 平台撮合贷款成交量共计 7.12 亿美元，

2013 年为 1.9 亿美元，2012 年为 1.26 亿美元；逾期率为 0.2%；投资者平均年化收益率为 5.1%。

二、运营模式

（一）关于 RateSetter

RateSetter 属于"线上 + 偿债基金担保"的 P2P 网络借贷平台。平台建立了偿债基金，保证投资人本息安全。每个投资人可以基于自身的风险偏好选择投资对象，避免遭受损失。

（二）关于 Funding Circle

Funding Circle 属于"线上 + 借款人关联方"的 P2P 网络借贷平台。借款人的关联方比如企业董事或者重要持股人提供连带责任担保或进行资产抵押，借款人无法还钱时，抵押物将会被变现，用来偿还投资者的本息，或重要关联方代为偿付本息。

（三）关于 Zopa

Zopa 采取"线上 + 安全基金担保"的 P2P 网络借贷模式。Zopa 建立安全保护基金，在贷款逾期时，基金有责任代为垫付投资人本息，并有向借款人追偿债务的权利。

三、贷款定价机制

Zopa 为不同风险偏好的借款人匹配适合的投资人，而投资人以自身贷款利率参与竞标，利率低者胜出。Funding Circle 的利率制定更为复杂，主要分为两个阶段：Funding Circle 给投资者 7 天时间竞拍；在竞拍时间截止后，Funding Circle 给借款人 7 天（含节假日、周末）时间来考虑是否接受投资人给出的利率，如果接受，则交易达成，利率就是所有竞拍成功的投资人提供的贷款利率的平均数。

四、产品盈利模式

英国 P2P 平台的盈利模式与美国的 P2P 平台没有太大差别，主要来自于向借贷双方分别收取的服务费收入、借贷息差产生的交易费及管理费。

五、违约风险控制措施

英国有相当完善的个人信用评分制度，通过依靠个人信用评分系统与其他风险控制手段一同降低违约风险。主要体现在以下两个方面：

首先，对借款人的资质审查非常严格。Zopa 对借款人实行实名认证制度，根据各家信用评分机构的信息考察借款人信用评级。同时，平台会进一步调查借款人收入情况，确保其有偿还债务的能力。RateSetter 下设风险评级子公司，依据对借款人的评分筛选合格借款人。Funding Circle 通过计量模型和人工评级筛选借款人，进行信用风险判断。相对前面两家平台，Funding Circle 对借款人设置的准入门槛较低，对借款人并不要求其信用状况达到最高级别，只要有发展潜力且经营状况良好就有机会获得融资。

其次，加强投资者保护：（1）设立安全基金，防范借款人违约，保护投资者。安全基金的资金来源于平台对借款人收取的一部分借款手续费。Zopa 设立的安全基金由非盈利性的信托机构 P2PS 保管，Zopa 无权使用安全基金。RateSetter 设立预备基金，明确预备基金归平台投资者所共有，一旦出现逾期，由预备基金代为偿付投资人本息。（2）分散投资者风险。平台将投资者投资总额分成小份借出，使一笔贷款覆盖多个投资人。由于投资人风险足够分散，不会出现类似民间金融的内在不稳定性。（3）将投资人的资金与运营资金分开，存放于 Zopa 在苏格兰皇家银行单独的账户中，即使 Zopa 倒闭，投资者也可以安全收回本金。（4）平台负责坏账追讨。

六、监管模式

目前，英国的 P2P 行业监管采取"行业自律 + 政府监管"相结合的模式。在 P2P 行业发展的初期，行业自发成立了自律组织 P2PFA[①]（Peer -

---

① P2PFA 是在 2011 年由借贷平台 Zopa、RateSetter、Funding Circle 自行成立的行业自律协会。协会成立目的是：确保这种新兴的、快速发展的行业能维持高质量的发展，并保护个人消费者和企业消费者。

to – Peer Finance Association），并制定了 10 项法则，包括对 P2P 借贷平台财务数据的透明性、平台的规模、风险管理手段、网络平台建设等共十项规定。随着行业的发展壮大，英国政府将 P2P 借贷行业交予英国公平交易局（Office of Fair Trading，OFT）监管。随着《英格兰银行法》（1998）和《金融服务与市场法》（2000）的出台，金融信贷有了更为明确的规定与约束。从 2014 年 4 月起，金融行为监管局（FCA）正式监管 P2P 行业。

表 4 – 7 英国 P2P 的监管模式

		监管主体	监管内容
行业自律	2011 年 8 月 15 日以后	P2P 金融协会（P2PFA）	对平台最低运营资本、客户资金与自营资金分离、高级管理层任职、平台信息披露、平台 IT 系统建设、客户投诉处理、信用风险管理、破产清收等方面做出了详细规定
政府监管	2008 年以前	英国公平交易局、英格兰银行、财务部和金融服务管理局（FSA）	P2P 借贷公司必须按照规定从 OFT 获得"消费者信贷许可证"
	2008 年至 2014 年 4 月	除了具有审慎重要性的金融机构需要审慎监管局（PRA）和金融行为监管局（FCA）的双重监管外，其他金融机构将由金融行为监管局单独监管	（1）对外披露借款者与投资者之间的借贷合同；（2）向投资者提供借款者的经济状况；（3）收集借款者还款协议；（4）提供信用信息服务
	2014 年 4 月以后	金融行为监管局（FCA）	（1）公司维持运营的最小规模（风险准备金、盈利等）；（2）如果公司倒闭，将以何种破产结构确保已存在的贷款顺利偿还；（3）如何使投资者面临的风险最小；（4）借贷中涉诉问题的解决办法；（5）公司要向 FCA 披露以下信息：财务状况、持有客户资金、客户投诉、贷款计划等；（6）投资者资本净值参与公司运营的法规

表 4 – 8　　　　　　　　　　　　英国 P2P 的法律框架

法律条款	主要内容
《消费者信贷法》 （1974）	P2P 网络借贷首先要在英国公平交易办公室办理信贷许可证，否则无法向消费者提供信贷、租赁、债务催收等服务
《P2P 小额信贷准则》 （时间不详）	P2P 小额信贷的借款者不能获得来自 "金融服务补偿计划" 的违约金补偿
《英格兰银行法》 （1998）	对金融信贷有明确规定与约束
《金融服务与市场法》 （2012）	授权英国金融服务管理局批准网络借贷平台业务
《消费者信贷法》 （2012） 《FCA 对互联网众筹与其他媒体对未实现证券化的促进监管办法》 （2014）	对网络借贷制定严格的披露制度，对利率、期限等交易要素制定明确披露要求；业务准入方面采取 "牌照" 式管理，无最低资本金规模限制
《关于网络众筹和通过其他方式发行不易变现证券的监管规则》 （2014）	将众筹分为 P2P 借贷型和股权投资型两类，并制定了不同的监管标准，从事以上两类业务必须经过 FCA 授权

第三节　其他国家 P2P 网络借贷发展状况

相较于英美两国 P2P 平台的快速发展，其他国家的 P2P 规模较小，大部分仍然处在成长期。

一、亚洲国家

亚洲国家中以日本的 P2P 平台发展相对其他国家而言，更为正规且具备一定规模。截至 2014 年，日本国内有 5 个盈利性 P2P 平台，分别是 Maneo、Aqush、SBI、Crowd Bank 及 Crowd Credit。日本的 P2P 有以下三个特点：

首先，相比英美国家 P2P 平台的快速发展，日本的 P2P 平台发展相对缓慢，主要原因在于，日本国内传统的金融体系在贷款市场仍然占据垄断地位，借款人能较为方便地通过银行获得贷款，这与英美金融市场的发展差异较大。

其次，日本 P2P 平台的借款人和投资人不能直接接触，必须遵守放贷业务法案中要求的禁止个人投资者直接借钱给借款人的相关规定。因此，日本投资者通常以私募的身份，通过投资 P2P 平台项目向借款人提供资金。

最后，与英美 P2P 的盈利模式相同，日本 P2P 的收入也是来自向借贷双方收取的管理费和服务费。

二、欧洲国家

欧洲国家的 P2P 市场发展以德国 Smava 与 Auxmoney 为代表。

（一）德国 Smava 与 Auxmoney

德国的 P2P 市场主要由 Smava 与 Auxmoney 两家垄断，它们均成立于 2007 年。德国 P2P 平台主要有以下几个特点：

首先，关于运营模式。Smava 和 Auxmoney 的运营模式属于"线上纯中介"平台，平台本身不承担信用风险及逾期风险，由投资人承担所有风险；平台在贷款合同中，约定按照借款期限和借款人级别，实行同级别投资人共同承担损失。

其次，关于盈利模式。德国 P2P 的收入来源与英美相同，也是来自按照贷款金额向借贷双方收取的管理费和服务费。

再次，关于违约风险控制措施。德国 P2P 公司对借款人的资质有一定的筛选门槛。Smava 委托德国信用评级公司 Schufa 对借款人进行评级，并根据评级将借款人分类。Auxmoney 对借款人评级不做强制要求，但要求借款人必须满足如下条件：德国居民、年龄介于 18 岁至 70 岁之间、拥有一个储蓄账户。借款人可自愿公开自己的其他信用信息，也可委托 Auxmoney 对其进行评估[①]。

最后，交易利率由竞拍达成。Auxmoney 规定了每笔交易的竞拍期。在竞拍期内，投资人认购贷款金额并提出利率报价。竞拍期满，借款人按照报价高低对投资人进行排序，直至筹足所有资金。

（二）爱沙尼亚 Bondora

Bondora 于 2009 年成立，前身是 IsePankur，总部位于爱沙尼亚，是第一家获得 FCA 经营许可的非英国 P2P 平台。截至 2014 年三季度，平台贷款量已到达 2739.44 美元。Bondora 是纯中介模式的 P2P 平台，有一套专门的数据库和信用模型调查借款人信用级别，风控级别相对比较完善，能够在一定程度上确保投资人资金的安全。

三、其他国家

（一）澳大利亚

P2P 行业在澳大利亚属于起步阶段。成立于 2012 年 8 月的 Society One 目前是澳大利亚最大的网贷平台。但由于当地社会信用体系尚不完善，平台运营相对缓慢。平台以其创新性的技术加速贷款申请和转账。2014 年 3 月，平台吸引了西太平洋旗下创投公司 850 万美元的投资。

（二）南非

南非 P2P 平台的代表是 Lendico。Lendico 根据借款人的信用登记状况实行差异化利率，Lendico 收取一定的管理费和服务费作为收入来源。

---

①　资料来源：李俊：《德国互联网金融的经验及对中国的启示》，载《清华金融评论》，2014（9）。

第四节　国外 P2P 网络借贷发展状况比较

通过前面三节对国内外 P2P 平台发展环境的比较，可知国外 P2P 平台呈现出一定的特征和差异。

一、关于运营模式

通过前面的比较可知，P2P 平台运营模式的差异主要体现在平台对借贷交易的参与方式以及参与程度上。

（一）介入方式

1. 平台介入贷后管理流程

以英国 Zopa 及美国 Lending Club 为例。英国 Zopa 及美国 Lending Club 本身不参与交易，不负责担保投资人本金安全，是纯信息中介性质的平台。但是，在贷后管理环节，负责贷款逾期的追讨工作。

2. 平台的关联方介入交易

以美国 Lending Club 和英国 RateSetter、Funding Circle 和 Zopa 为例。Lending Club 设立了全资子公司，担保投资人本金安全。RateSetter 建立了偿债基金，保证投资人资金安全性。Funding Circle 要求借款人关联方提供担保或资产抵押，保证借款人违约时，有关联方代为偿还债务本息。Zopa 建立了安全保护基金，在贷款逾期时，基金有责任代为垫付投资人本息，并追偿债务。

3. 平台及其关联方介入程度较低

美国 Prosper 和德国 Smava 与 Auxmoney 介入交易较少，属于"纯信息中介"性质的 P2P 网贷平台。投资人和借款人完全是自主交易，平台及关联方不提供本金担保，由投资人自行承担投资风险。

需要说明的是，纯信息中介平台模式只适用于征信体系成熟的国家，因为健全的评分系统和完善的信用管理制度，能够最大程度减少借款人发生违约的可能性，增加借款人还款的安全程度，以及保障投资人的资金安全。在信用体系尚未完善国家采用此模式，会面临较大的信用风险和道德风险，投资人资金的安全性和收益性无法得到保障。

（二）运行平台

国际上的 P2P 平台实行的是"线上"运行。线上运行适用于有成熟征信体系的国家。在以英美为代表的社会信用体系健全的国家，P2P 借助网络平台高传播性的线上交易，极大地降低了运营成本，在短时间内就能为投资人和借款人分别提供更高的收益率和更低的贷款成本。

二、关于贷款利率的设定

P2P 平台借贷交易利率的形成主要有两种：（1）由竞标（类似于拍卖）确定利率，以英国 Zopa、Funding Circle、美国 Prosper 及德国 Auxmoney 为代表；（2）按照借款人的不同信用等级，实行差异化利率，以美国 Lending Club 为代表。

三、关于盈利模式

国外 P2P 网贷收入来源基本是一致的，主要包括以下几部分：交易费收入即借贷息差、向投资者和借款人分别收取的服务费收入，以及向以有限合伙形式投资的机构投资者收取的管理费。

四、关于风控模式

英国和美国的 P2P 网络借贷，较之我国之所以发展得有条不紊、风险可控，主要得益于其国内高度发达的征信体系和成熟的客户金融行为带来的信息不对称程度的大幅度降低。

以美国 FICO 为代表的健全的评分系统和完善的征信数据，使得其国内的 P2P 平台对借款人的风险定价非常科学。在法律允许的范围内，平台和投资者可以得到借款人详细的信用情况并预计损失率，从源头规避信用风险。虽然其 P2P 平台也存在一定的风险，但总体风险水平仍处于可控的范围内。

五、关于监管模式

国外的 P2P 平台的监管主体主要是政府，国家有一套成熟的法律制度对 P2P 平台的运营进行约束和引导，不存在法律真空。明确的监管措施使得国外 P2P 网络借贷行业发展规范、信息较为透明，有一定的声誉。

第五章　中国 P2P 网络借贷市场的主要商业模式

本章重点介绍了中国 P2P 市场商业模式的四个维度，即 P2P 的业务模式、营销模式、风险管理模式和定价模式。

第一节　P2P 网络借贷的主要业务模式

现阶段，中国 P2P 业务模式种类繁多，但归纳起来，无外乎信息中介模式、担保模式与信用中介模式三种，并且大部分 P2P 平台属于担保模式、信用中介模式，只有极少数 P2P 平台属于信息中介模式。中国 P2P 市场普遍提供担保，主要是由于中国征信体系不发达，已有的中国人民银行征信系统尚未向 P2P 平台开放，P2P 平台的信息未能录入人民银行征信系统，P2P 平台也不能直接查询征信系统收录的客户信息。

一、信息中介模式

信息中介模式是指 P2P 平台主要为借款人和投资人提供信息中介服务，而平台自身并不承担借贷风险，也不承担信用、期限转换等职能，借贷风险由投资人自己承担。目前，在中国完全属于信息中介模式的 P2P 平台极少，具有代表性的是拍拍贷①。

---

① 目前，拍拍贷也开始提供担保了。

P2P 平台主要提供信息中介服务，借款人可以通过 P2P 平台提出贷款需求，递交贷款申请，并提交相关的贷款及个人信息，如贷款金额、用途、期限、利率、个人职业及收入稳定状况等方面的信息。P2P 平台对于借款人的相关信息会进行一定的审核，如身份证信息、户口簿、个人征信报告等（主要也是形式上的审核）。如果审核通过，则借款人的贷款需求会在 P2P 平台上公布，并推介给投资者。出借人（或称投资者）将根据 P2P 平台上对该笔贷款的相关信息来判断是否投资。如果借款人的借款计划在限定的期限内有足够的投资人来投资，则借款计划撮合成功，否则，借款计划失败。

该种模式最大的特点是，P2P 平台仅提供借贷信息服务（类似于淘宝模式），不提供担保、资金池等信用中介服务。

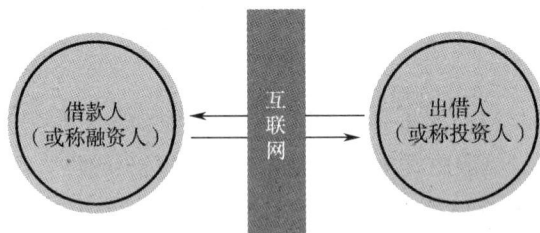

图 5 -1　信息中介模式

二、担保模式

担保模式是指 P2P 平台除了提供资金供需双方的相关信息外，还对投资人（或称出借人）的资金安全提供担保和承诺。这种模式下，P2P 平台主要通过线下对借款人的基本资料、资金用途、还款来源等进行审核，如通过审核，借款人的贷款需求会发布在 P2P 平台上，而平台通过与第三方担保公司或其他合作伙伴合作等方式①，为投资人的本息收益提供担保。借

---

① 一是融资性担保公司担保，二是小额贷款公司担保，三是平台自身担保。

款人的还款出现逾期或逾期超过一定期限时，将由合作的担保公司对出借人提供投资本息兑付。

该种模式最大的特点是，P2P 平台除提供信息服务外，还以担保或风险准备资金等形式来承担借贷风险。

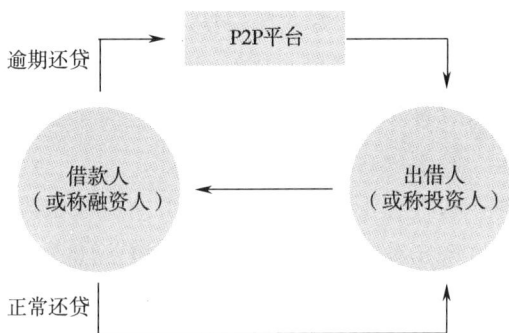

图 5-2 担保模式

三、信用中介模式

信用中介模式指 P2P 平台不仅提供信息中介功能，同时还具有"期限转换"和"金额转换"等功能。实际上，此类 P2P 平台已经演化为具有金融功能的网络平台公司（异化为金融机构），不同之处在于其借贷行为披上了互联网的外衣。

信用中介模式蕴含了较大的法律风险。如资金池模式，实质上是实现了信用转换。此外，P2P 平台的秒标、净值标也属于这种模式。

目前，中国部分 P2P 平台变相成为银行表外非标业务平台、债权打包及转包平台。如国内大部分 P2P 平台提供的债权转让服务，即放贷人以未偿还的贷款作为还款保障，获得一定比例的净值额度，并在平台上进行再融资。此外，某些担保模式的 P2P 平台实质也是信用中介模式。如重庆的宜信、汇中，由 P2P 平台先行给借款人发放贷款，平台再对借款人的放款打包，设计成不同期限、回报率的"理财产品"卖给投资人，赚取息差。这可能涉嫌无照经营和非法从事金融业务，且用于保证的资本金严重不足，并虚构借款人及借款用途将资金划到自己关联公司名下（人民银行曾要求上述公司进行整顿）。

四、模式演变

P2P 本质上是一种个人之间的非标债权交易，其模式不断演变，从 P2P 演化出诸多模式，比如 B2C（或称 P2B）、B2P2C 等。非标资产的全称为非标准债权资产，指没有标准化、没有公开上市交易的资产，其早期的存在形式有信托受益权、信托贷款、信贷资产等。

近年来非标资产的存在形式不断变化，中国银监会发布的《关于规范商业银行理财业务投资运作有关问题的通知》（银监发〔2013〕8 号）指出，非标资产包括但不限于信贷资产、信托贷款、委托债权、承兑汇票、信用证、应收账款、各类受（收）益权、带回购条款的股权性融资等未在银行间市场及证券交易所市场交易的债权性资产。而金融资产交易信息服务模式即为交易提供信息交换和咨询服务。

金融资产交易信息服务模式的典型代表是陆金所，其在金融资产交易相关的信息服务及咨询领域进行了尝试[①]。陆金所的金融资产交易信息服务模式包括为信贷资产结构化创新、票据收益权转让、应收账款转让等提供定制化的信息咨询服务。下面，我们重点介绍陆金所在信贷资产结构化创新中提供的信息咨询服务。

在流动资金紧缺的背景下，银行等金融机构迫切需要利用信贷资产、租赁资产等信用良好的非标资产，为自身注入流动资金，结构化创新产品为利用这类非标资产进行融资提供了可能性。资产结构化创新的基础资产主要是银行零售信贷资产（信用卡、汽车分期贷款、小微贷、房贷）、租赁资产、小贷资产，其目的主要是实现发起方标的资产的转让，将缺乏流动性的资产提前变现，增强资产流动性，开拓新型融资渠道，提升自身资本充足性。

[①] 目前，陆金所是上海唯一一家通过国务院交易场所清理整顿的金融资产交易信息服务平台。

结构化创新符合中国银行业的现实需求。在巴塞尔协议的要求下，银行有了补充资本金的现实需求。通过信贷结构化创新业务，实现银行标的信贷资产的转让，减轻银行的资本金及存贷比压力，可以在负债不增加的前提下获得资金来源，加快其资金周转，提高资产流动性，降低其流动性风险。

结构化创新业务对投资人同样具有积极的意义，一方面扩宽了投资者的投资渠道，另一方面还可以为投资者"量身定做"，通过资产的灵活组合"创造"出投资者需要的特定投资品种，以此满足不同投资者对期限、风险和利率的不同偏好。

陆金所在结构化创新业务中承担财务顾问的角色，通过专业人才和金融产品结构化设计、咨询服务的优势，为包括信托公司、基金公司在内的金融机构提供定制化的信息咨询服务。这些服务主要包括：提供基础资产筛选模型、现金流分析、财务分析、风险建模、产品设计建议、专项业务培训等咨询服务。

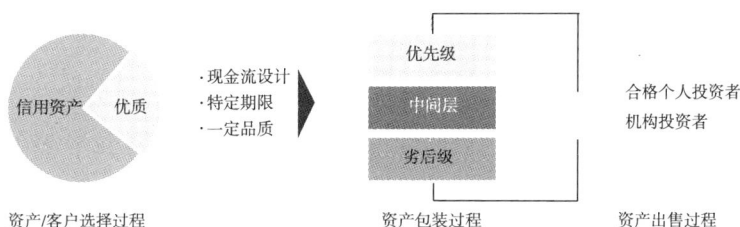

图 5-3　陆金所金融资产交易信息服务模式

第二节　P2P 网络借贷的营销管理模式

P2P 平台无论采取哪种营销管理模式，目的都是为了挖掘优质客户，并增加客户粘性。目前，多数 P2P 平台既要主动寻找优质借款人，又要寻找投资人（或称出借人）。在借款人方面，多数 P2P 平台会通过线下方式进行，如启用非征信数据或"软性"数据来寻找优质借款人，并通过线上和线下相结合的方式大力推广其品牌，提高品牌知名度。在出借人方面，大多数 P2P 平台会通过线上门户网站、口碑宣传、业内评价等方式进行。

总体来看，中国 P2P 营销管理模式还较为粗放，在大数据运用、客户关系管理等方面还有待提高。目前，中国 P2P 平台的典型营销管理模式主要有：线上营销模式、线下营销模式、线下 + 线上营销模式、第三方机构合作模式、口碑营销、资源整合营销等①。

一、线上营销模式

P2P 平台线上营销模式是指，P2P 平台仅作为单纯的信息中介存在，所有借款人和出借人均通过互联网渠道获取相关信息，如门户网站、社交网络、第三方网站等。同时，P2P 平台也完全通过网络平台对客户进行登记、识别和管理，并通过网络平台等线上方式拓展客户。总之，这种模式所有环节均不涉及实质的线下行为。

纯线上营销模式的优势在于营销推广与管理成本较低，但也存在优质客户特别是借款人客户难觅、目标客户需求难以准确识别等缺点。目前，中国以纯线上营销模式来推广的 P2P 平台极少，主要是线上与线下联动的模式。

二、线下营销模式

P2P 平台线下推广模式是指，P2P 平台通过线下营销方式获取资源客户，如线下信贷业务员主动去寻觅、挖掘和筛选客户，并把线下搜集到的客户信息发布在 P2P 平台上。目前，中国多数 P2P 平台的借款项目来源于线下。这方面的典型代表是宜信，通过大量的线下"信贷员"去寻找客户。

---

① P2P 平台的营销管理模式不是非此即彼，可能会存在交叉，如第三方机构合作模式，既可能是线上模式，也可能是线下模式，或者是兼而有之。

而某些开展供应链金融的P2P平台，主要通过为核心借款企业的上下游企业定制供应链金融产品的方式开展线下营销，包括提供会员管理、财务管理、供应链整体的信息管理，以及为上游企业提供应收账款融资和订单性融资、为下游企业进行经销商融资和商品质押融资。

这种营销模式的优势在于，通过线下方式，更能深入了解客户需求以及客户信息，有利于为客户定制产品，提高客户满意度。但不足之处在于可能会抬高P2P平台的借贷成本，增加P2P平台线下营销人员发生操作风险、道德风险的可能性。

三、线下＋线上营销模式

线下营销管理具有客户目标明确、信息可识别性强等优势，而线上营销则具有不受时间和空间限制等优势，二者有机结合，形成了线下＋线上的组合模式。这种模式主要是利用线上推广，锁定目标群体，再加上线下业务员撮合，最终达成对客户的营销。

目前，中国的P2P平台主要通过门户网站、网络论坛、社交网络等方式来进行线上营销。同时，P2P平台除通过PC端提供信息外，还通过智能手机等移动端为客户群体提供相关信息，快速推广产品和品牌，并通过互联网随时定位线下的"信贷员"，及时为客户提供上门咨询或下单服务。如好贷网开发了面向"信贷圈"（即信贷员群体）的APP，通过发布移动APP"信贷圈"，实现自主推广、获取客户、管理客户、彼此间甩单、社交等方面的功能。此外，好贷网还将推出一款面向借款用户的APP"闪贷"，定位于"信贷圈的滴滴打车"，能直接搜索活动在周围的信贷员，然后直接连线或面谈。

该模式的优势在于结合了线上营销和线下营销各自的优势，难点在于加大了P2P平台内部对多渠道营销管理的难度。

四、第三方机构合作模式

第三方机构合作模式是指，P2P平台主要通过第三方机构获取客户资源，如银行、小额贷款公司、融资性担保公司等。这种模式的典型代表有易通贷、礼德财富、开鑫贷、有利网、人人贷、贷帮等。合作方式如下：第三方机构对借款人进行遴选，将遴选出的客户推介给 P2P 平台，P2P 平台再对第三方机构推荐的客户进行风险评估，如有利网在线下与小额贷款公司合作，由小额贷款公司将筛选出的优质借款人推荐给有利网，并承担借款人的实地考察、征信、初步信用评估及贷后管理等工作。

此外，部分第三方合作机构（如小额贷款公司）除向 P2P 平台推介借款人外，还把自己持有的债权通过 P2P 平台转让给投资者。通过这种模式，小额贷款公司获得现金，投资者获得债权，如贷帮网的"债优选"产品。

该种模式充分利用了第三方机构在客户资源方面的优势，P2P 平台可以降低借款人客户营销方面的成本，并通过专业的第三方机构来完成事前部分风控环节，降低了 P2P 平台的管理成本。但劣势在于第三方机构完全掌握和控制了借款人客户资源，一旦第三方机构与出借人共谋，则骗贷风险加大，并且这种模式不利于 P2P 平台保持客户粘性。

五、口碑营销模式

口碑营销主要是指通过 P2P 平台，客户把成功体验传播给其他客户，如"老带新"等均属于口碑营销。

目前，中国大部分 P2P 平台在投资人（或称出借人）客户营销和推广方面，采用了口碑营销模式。比如，陆金所通过好友推荐返利的方式开展对投资人的口碑营销，营销策略主要有："推荐好友注册获 30 元现金"、"好友完成首次投资获 100 元陆金币"、"好友 30 天内多次投资获投资金额 0.1% 现金"、"推荐好友投资，享其投资金额的 0.1%"。再如"你我贷"推出的"你投我带"营销方案，老客户通过新浪微博、腾讯微博等推荐好友，好友到"你我贷"网站注册并在线投资交易成功后，老客户可得 1% 奖励，单笔奖励最高 5000 元。推荐的好友在注册后的 30 天内多次投资，老客户的奖励也会累积计算。如果以"你我贷"年化利率超 11% 的类理财产品计算，投资起点为 10 万元，推荐人可得 1000 元奖励。

该种模式的优势在于营销成本低，营销具有亲和力，并提升了营销产品的可信度。但不足之处在于口碑营销的传播范围有限，营销效果见效慢等。

六、资源整合营销

P2P 公司通过整合集团体系内资源或者外围社会资源，形成跨界融合的营销网络，利用大数据挖掘及精准营销导向方法，将出借人与借款人进行广泛有效的需求匹配。这一模式往往产生于具有多方金融服务销售渠道或者跨界消费服务平台的大型集团公司，其自身已经拥有一定的互联网基因，在既有的消费群体及市场获客渠道基础上加强内外部资源的整合，拓宽 P2P 的盈利模式和增长点。

相比一般常规营销模式，资源整合条件下的营销激励更具有市场影响力和社会鼓动性，可以迅速提升 P2P 公司对最终客户的服务深度，形成综合内容价值体验。应该说，国内 P2P 公司目前在资源整合营销方面还处于起步阶段，尚未形成足够成熟的商业模式，未来可能进一步实现跨界融合。

在具体营销手段上，则主要采用集成推广、理财对接、跨平台信用评估、定制化精准推送等方式，比较典型的有陆金所、阿里金融、百度金融等。

此外，我们也看到，银行、保险、基金、券商也正在逐步加入这一营销网络，与部分 P2P 公司开展跨界合作，资本市场、风投公司都在选择合适的投资对象。

第三节　P2P 网络借贷的风险管理模式

对投资者而言，P2P 网络借贷，主要存在如下风险：第一是信用风险，即 P2P 平台上借贷项目到期不能还本付息，存在违约的可能性。第二是欺诈风险，比如借款人冒用他人姓名申请贷款，再比如部分 P2P 平台为了提高交易量，虚构交易标的，开展秒标和净值标。第三是操作风险，比如 P2P 由于内部组织架构、管理体系缺陷等原因带来风险，再如 P2P 平台对信息科技依赖性高，存在信息科技风险。第四是系统性风险，即当实体经济处于衰退周期或者发生经济危机时，P2P 网络借贷不能偿付的风险。这四个风险中，前三个风险投资者可以通过分散投资来实现，而系统性风险则需要政策来化解。

从现阶段我国发展情况来看，风险控制是 P2P 网络借贷平台能否长期健康发展的关键所在。只有良好的风险控制，P2P 平台的交易才会活跃，也才能盈利，才能可持续。但是，在中国，为了增加交易活跃度，多数 P2P 平台不在项目本身的风险控制方面下功夫，而是借助于担保，主要是自身和第三方提供担保。行业发展初期是 P2P 平台自身提供担保，但由于自身能力有限，P2P 平台又转向通过第三方担保公司提供担保。而过度担保不利于 P2P 平台的长期发展，只能是昙花一现。所以，我们需要借助新型的手段，以此来做好 P2P 的风险控制，如与第三方进行信息共享（客户的基本信息、违约信息等）、提取风险准备金、专注小微、分散投资、第三方保险、利用大数据技术甄别客户和监控资金流向等。

而完全双边的 P2P 平台应该关注交易留痕，P2P 平台的责任主要是保留证据①，或者由第三方（监管部门）建立备案登记制度，强行要求 P2P 公司将相关数据进行备案登记。

一、担保抵押模式

中国多数 P2P 平台都提供担保，大致可分为如下三类：

一是平台自身担保。行业发展初期，中国多数的 P2P 平台通过自身来提供担保（后逐渐转向关联方担保，或者"隐性"担保）。这种模式存在较大的法律风险。银监会创新部主任王岩岫在多个公开场合明确表示，P2P 平

---

① 因为完全双边的 P2P 实质是一种民间借贷行为。

台自身不能为投资者提供担保，不得承诺贷款本金的收益，不得承担信用风险和流动性风险等。

二是关联方担保。关联方担保是指发生于有关联的或间接关联企业之间的担保。另外，也有一部分融资性担保机构通过控股或参股P2P平台，进而对P2P平台进行担保。

三是第三方担保。主要是通过小额贷款公司和担保公司提供担保，如有利网、开鑫贷、宜人贷、爱投资等。这种模式受制于担保公司的资本实力，担保能力有限。同时，一些担保公司也要求P2P平台提供反担保。

此外，一些P2P平台通过发布商业银行股东背景来提供隐性担保，这种担保模式信号作用大于实质作用。

表5-1　　　　　　　　中国部分P2P平台担保情况

P2P平台	担保机构	保　项
陆金所	平安融资担保公司	全额本息担保
宜人贷	风险备用金	本息担保
有利网	合作机构担保	本息担保
积木盒子	融资性担保公司、非融资性担保公司、风险准备金	本息保障
和信贷	风险准备金	VIP次日本息垫付，非VIP 3日内本息垫付
信融财富	融资性担保公司	本息保障
礼德财富	小额贷款公司、融资性担保公司、非融资性担保公司、风险准备金	本息保障
付融宝	小额贷款公司、担保公司、资产管理公司等	本息保障
微金所	小额贷款公司、融资性担保公司、电商平台等	本息保障
融金所	担保公司、风险准备金等	视VIP等级而定
PPmoney	融资性担保公司	本息保障
你我贷	非融资性担保公司、风险准备金	本金保障

资料来源：表内所列信息主要来源于各P2P网站，时间截至2014年11月。

P2P 平台除了通过担保进行风险控制外，部分 P2P 平台还通过抵押来实现风险控制，目前抵押物主要是票据、应收账款等。票据方面的 P2P 平台，如招商银行的小企业 e 家、阿里的"招财宝"、新浪"票据宝"、民生电商的"民生易贷"、金银猫等。票据抵押的难点在于票据的专业性太强，多数 P2P 平台根本没有实力来验证票据的真假，这种模式主要见于规模较大的 P2P 平台或者是具有商业银行背景的 P2P 平台。关于应收账款方面的 P2P 平台，典型代表是旺财谷，其他如礼德财富、众利网等也开始涉足该业务。同样，应收账款抵押的最大风险在于应收账款的真实性。

二、风险准备金模式

P2P 平台提供担保不利于培养买者自负的投资理念，也不利于 P2P 平台风险定价机制的建立，监管部门也对平台保持否定态度，因此，一些 P2P 平台开始转而设立风险准备金，以此来应对可能出现的风险。风险准备金资金主要来源于平台自有资金、按项目提取的风险准备金、第三方机构按一定比例计提风险准备金等。这方面的典型代表如红岭创投、新新贷、人人贷、拍拍贷、点融网、有利网、易贷通等。为了防止平台挪用风险准备金，需要自有资金与风险准备金分离，并交由银行等第三方托管。比如，人人贷在银行开立了"风险备用金账户"，由招商银行对人人贷风险备用金专户资金进行认真、独立地托管，并针对风险备用金专户资金的进出情况每月出具托管报告。

这种模式的主要缺陷在于部分 P2P 平台风险准备金提取比例过低，不能形成有效的保障。

三、保险模式

为了分散风险，P2P 平台开始引入保险，以此来吸引投资者，同时又能保证自身安全性。相比担保公司，保险公司的实力更强，平台借贷风险能够实现部分转移。典型代表是房金所（众安保险）、财路通（民安保险、中国人寿财产保险北京分公司）等。财路通与中国人寿财险合作，为客户的资金提供财产保险，具体运行机制如下：双方共同选定一款财付通平台的优质贷款产品，由财路通为借款人投保贷款保证保险，中国人寿财产保险作为保险人根据有关保险条款承担投资财产保险责任。

现实中，被保险人可能是平台、合作金融机构、投资人和借款人。比如，阿里巴巴系的招财宝就是由融资方向永安财险购买保险。此外，P2P 平台第三方保险模式存在保平台还是保项目的争议，由于项目风险不一，直接保平台风险较大，并且也存在一些技术障碍，因此，P2P 平台第三方保险更多的是保项目，但是，如果是对每个项目单独承保，技术上又太繁琐。

这种模式的难点主要在于，如果保险公司要求 P2P 平台等投保方提供担保抵质押手续，那么这种模式又与担保模式无异。

四、技术手段规避风险

除了以上几种传统风险保障机制以外，还可以依靠技术手段来规避风险，具体如下：

一是利用大数据技术来甄别客户，降低客户违约的风险，通过对用户消费习惯、身份特征、社交网络等信息进行分析，可以对用户信用重新进行认定，能够有效识别客户的还款意愿。

在国际通行的 P2P 行业风险管理范式中，采用大数据建立信用评级模型是常见的市场化风控手段。不同机构采取各自略有差异的风险评级模型，具体评估因素包括借款人的个体信息、财务状况信息、公开及第三方征信记录、项目所属行业风险、社交网络行为信息、资金用途、还款意愿、信用结构、抵质押品、账户资金流情况等。

实际上，行业内尚未建立起真正适应未来社会投资者自主决策的风险评估模型，P2P 平台在担当信息和交易撮合中介的同时，往往还在扮演着风控管理决策者的角色，以整体平台项目融资审批通过率作为大的风控平衡尺度。

为此，在大数据变革的环境下，如何能够尽早开发出适合社会投资人对 P2P 项目进行自主风险评估决策的开放式信用评级模型和数据库，将成为促进行业发展的重要推动力，如阳光宝利正在研发开放式的"实用个人 P2P 理财风险评估模型"，拍拍贷通过网络社区、用户网上的朋友圈来衡量其信用等级系统，网站内圈中好友、会员好友越多，个人借入贷出次数越高，信用等级也就越高。需要说明的是，利用大数据技术来进行风险控制，其关键在于数据的生成、处理和应用。

二是与第三方机构合作，获取客户相关信息。比如，金信网与信和汇诚信用管理公司合作，利用后者庞大详尽的信用管理数据，对借款人的信息进行进一步筛查。再如，有利网与 FICO 合作，开发了针对中国小微贷款人群的评分卡，有四个类别（个人信息、财产信息、工作信息、征信信息）、22 项评分要素，该评分卡能够较好地分析每个借款人的潜在信用风险。

三是"客户不良信用记录"网络系统。建立"客户不良信用记录"网络系统，以此来威慑不诚信的客户。比如红岭创投，网站有权将借款人的有关资料正式备案在"不良信用记录"，列入全国个人信用评级体系的黑名单（"不良信用记录"数据可能会与银行、电信、担保公司、人才中心等有关机构共享）。

四是每月还款制度。每月还款制度可以在一定程度上分散风险，规定借款人按月还本付息。这样每月还款的数额很小，还款压力也小，投资人也可以按月收到还款比如拍拍贷等。

五是资金第三方托管。P2P 资金需要由第三方托管，已成业内共识。资金第三方托管，可以防止资金被挪用，保障客户资金的安全。同时 P2P 公司也可以规避法律风险。资金第三方托管，主要分为银行托管和第三方支付机构托管，现实中，大多数 P2P 平台都与第三方支付机构合作，只有少数 P2P 平台与银行合作进行资金托管，如拍拍贷、开鑫贷、包商银行的小马 bank 等。

六是信息披露制度。在信息披露方面，易通贷建立了《北京易通贷网络科技有限公司信息披露制度》。如果没有信息披露，P2P 平台的运作原理和项目信息，投资者无从知晓，这为 P2P 平台进行欺诈提供了便利；同时，这也不利于 P2P 平台自身健康发展，如果存在信息不对称，投资人可能会根据早期投资人"没有出现本息损失"的现象，而误认为平台实际上承诺了本息安全（实际上可能该平台并不承诺本息安全），一旦出现风险，投资人会"闹事"。

五、增信手段

除了担保资源外，P2P 平台还通过四个方面来提供相应的信用增级服务。

第一，开发适合互联网金融模式的多样化增信手段，如借款人信用评级及其提供的抵质押物、投资人账户内应收账款质押（身份转换为借款人）、市场化资产转让平台、收益权质押、金融资产抵押、流动性风险准备金等。

第二，发挥行业协会组织优势提供合作共享的信用数据库，避免各家 P2P 公司相互恶性竞争，不能共享黑名单，反而增加了征信成本，让赖账者有了可乘之机，如上海市网络信贷服务业企业联盟正在搭建这一信息共享平台。

第三，构建开放式的全社会互联网金融征信体系，相比传统人民银行征信体系仅包括信用卡及贷款融资信息，这一体系将包括个人及企业的社交网络信息、工商行政信息、互联网金融交易信息、消费行为不良记录、市场融资违约记录等，如隶属于人民银行征信系统的上海资信有限公司，正在搭建这一开放式平台——网络金融征信系统（NFCS），但其在市场化运作效率及公平性等方面还有待进一步加强。

第四，鼓励第三方评级机构尽快规范 P2P 相关的信用评级，可适用于内部单个贷款项目评级，或整体 P2P 网贷平台的评级。

第四节 P2P 网络借贷的定价模式

目前，中国 P2P 的定价模式主要有风险定价、成本加成、竞标定价等模式，当然，现实中的 P2P 定价模式，可能是以上几种方式的结合①，同时也会考虑贷款迫切程度等其他因素。中国 P2P 平台定价还没有完全找到一个市场化的定价方式，人为因素较为突出，随意性很强，"一刀切"的现象较为突出，例如有担保的一年期贷款一律 12% 的水平，三年期则为 14%，差异较小。

P2P 平台自身的收益来源如下：一是向投资人收取，二是向借款人收取，三是同时向投资人和借款人收取。实际操作中，P2P 平台为了提升人气，倾向于向借款人多收费，向投资人少收费或者免费，甚至是各种补贴（如赠送各种小礼品）。

一、风险定价模式

这种模式市场化水平较高，贷款利率主要依赖于内部评级，评级越低，贷款利率越高，如有利网、易贷通等。易贷通的产品没有固定的利率，利率根据项目风险确定，需要对借款人进行信用评估，信用等级越高，利率就越低。

风险定价有两个前提：一是信息充分完全，二是信息真实可靠。在中国现行的市场环境里，要做到上述两点困难很大。因此，目前中国 P2P 的风险定价方法可能需要结合成本加成定价和竞标定价来进行。

总之，风险定价方法对信息要求较高，表现为信息的搜集、分析和处理以及运用等方面，而这些需要社会征信体系的健全、大数据技术的运用等配合。

---

① 这里的分类只是为了讨论问题的方便。

二、成本加成定价模式

实行成本加成定价模式的 P2P 平台大多是信用中介平台，具有信用转换的功能。这种模式主要根据成本来制定贷款价格，贷款价格主要由贷款利率、现场考察费、借款管理费、投标管理费、担保费用等构成。而平台自身的收益主要是注册费用和交易费（现场考察费、借款管理费、投标管理费、担保费用等），有点类似两部收费法。成本加成定价方法可能更多的是资金供给方的一厢情愿，没有充分考虑到资金需求方的情况。

三、竞标定价模式

竞标定价模式能够较好地反映融资方的需求情况，它是纯粹信息中介型 P2P 平台的主要运营模式。运作原理如下：第一步，借款人发布借款金额、借款期限、最高年利率等相关信息。第二步，投资人查询相关信息，在最高利率范围内进行投标。第三步，期满后，如果投标资金总额超过借款人的融资金额，则利率最低的投资人中标（当然金额也必须满足借款人的要求）；期满后，如果投标资金总额小于借款人的融资金额，则流标。如果借贷交易成功，那么 P2P 平台会自动生成电子合同。

目前，竞标定价模式的典型代表是拍拍贷，借款人发布借款信息，把自己的借款原因、借款金额、预期年利率、借款期限一一列出并给出最高利率，投资人参与竞标，利率低者中标。

第六章　P2P 网络借贷评级体系研究

第一节　评级体系介绍

一、评级的内涵

评级一般指的是信用评级，作为一种基础金融中介服务，评级的目的在于揭示各个受评经济主体和金融工具的违约风险的大小，即经济主体按照合同约定如期履行债务或履行其他义务的能力和意愿，主要是对债务人偿债能力和偿债意愿的一种综合评价。根据评级主体的不同，信用评级一般分为主体评级和债项评级，其中主体评级揭示主体违约的可能性。信用评级还可分为内部评级和外部评级，例如在我国，银行内部评级是商业银行计量信用风险的主要方法。

二、评级的意义

信用评级有 100 多年的历史。作为提供给投资者的重要独立意见，评级在帮助投资者识别机遇和风险、降低市场信息不对称、规范行业发展方面，发挥了重要作用，一度被称为金融市场看门人（Gatekeeper）。虽然 2008 年金融危机后，对评级机构机械化的数量模型、收费模式以及实际评级结果的预警效果出现了各种质疑声，但评级作为金融行业的重要基础设施，有如下重要的意义。

一是评级可以减少信息不对称程度，有助于投资者了解借贷者的背景、资信水平、经营能力、资金用途、历史违约情况等信息，从而有效揭示借贷中存在的信用风险，以帮助投资者平衡其投资资金对安全性、收益性和风险的要求。

二是信用等级是债券发行定价的最主要依据，帮助金融机构提高风险管理水平、降低信贷风险、控制成本。

三是评级可以引导评级主体的自律管理，提高金融体系的抗风险能力。获得客观的信用等级，可以帮助评级主体树立经营稳健的形象，有利于其拓展业务、降低交易成本、提高市场竞争力，因此评级主体都会较重视评级的考量，并优化对应板块。

四是评级可以成为辅助金融监管的有力工具。例如为防范信用风险，我国债券市场监管方引入了信用评级机制，要求市场参与者使用外部评级，评级在债券发行审批及债券流通交易、准入等监管环节中被广泛使用。目前信用评级在我国债券市场、资本市场中发挥着积极的作用。

依托于互联网成长起来的P2P网络借贷还处在迅速发展的阶段。信用风险是P2P产品投资者关心的首要问题，因此评级可以作为辅助P2P健康发展的一个重要风险管理以及增信手段。

但对于依托于互联网成长起来的P2P平台，目前的盈利模式还未明确，现有信用评级的内容和范围，均不能够完全描述P2P发展的不确定性及其互联网金融属性所特有的风险，传统的评级理念与技术显然不是很适用：一是作为信用中介的P2P平台，其信用风险不光体现在P2P的"跑路"上，还体现在P2P平台上分散的各个P2P产品的违约率和违约回收率上；二是对于一个纯信息中介来说，信用风险本身就不适合描述平台的风险情况，信息的质量和丰富度以及用户体验等带来的赢者通吃效应，使得一些P2P平台丧失先行优势，才是平台的主要风险。

第二节　P2P 网络借贷评级现状

虽然互联网金融的发展仍然处在初期阶段，但有关互联网金融机构的各种评级已层出不穷。

一、现有 P2P 网络借贷平台评级体系介绍

（一）惠誉

随着 P2P 网络借贷在国内外的飞速发展，作为国际三大评级机构之一的惠誉评级公司加入 P2P 网贷评级的行列，成为 P2P 借贷行业评级的第一家主流评级公司。惠誉使用自身的信用评级模型，对 P2P 平台进行了信用评级，评级结果认为，P2P 作为一个收取手续费的信息中介，具有轻资本的性质；同时由于审慎监管的缺失，P2P 无最低资本金要求，考虑到 P2P 网络借贷公司有限的经营历史，惠誉目前对行业内的 P2P 网络借贷公司评级为投机级（Below Investment Grade）。

（二）大公国际①

2014 年 8 月，大公国际资信评估有限公司（以下简称大公国际）公布大公互联网金融的评级结果，大公国际将互联网金融市场准入信用分为六级，分别是 AAAi、AAi、Ai、BBBi、BBi、Bi（i 代表互联网），其中 Bi 级别占比高达 90%，而偿债能力级别中 Bi（最低级）占比高达 93%，P2P 评级较低的根本原因是债务人的信息披露非常差，有的没有做信息披露，有的残缺不全。

创新之处，大公国际采用的评级模式为双向参与和两类评级。双向参与是指互联网债券大众和大公共同参与对债务人的评级；两类评级指互联网金融市场准入评级和偿债能力评级，其中市场准入评级的任务是对债务人披露

---

① http：//www.dgefcis.com/perspective/index.html。

的有关偿债能力信息进行可靠性检验，为偿债能力评级做好数据分析准备。偿债能力评级的任务是依据市场准入评级的数据分析，进行专业化研究。

不过，在大公国际发布警示信息后，北京市网贷行业协会、上海网络信贷行业企业联盟等行业组织发声明称，大公国际主要依据平台的信息披露度和披露规范度进行相关评价，进而设定网贷平台"黑名单"和"预警名单"，其可行性和准确性值得商榷。

（三）网贷之家①

作为比较成熟的 P2P 第三方信息平台，网贷之家依靠已掌握的 P2P 数据优势，推出了自己的网贷平台综合评级，但其对 P2P 的评级更接近一个综合评价排名，而非信用评级。网贷之家的网贷综合评级指标考虑了平台成交量、营业收入、人气、收益、杠杆、流动性、分散度、透明度以及品牌影响力 9 个方面的因素，采用权重积分的层次分析法，建立了一级和二级指标间隶属的树状层次结构，并赋予一定的权重，通过这种分组线性打分法得到一个综合指数，据此为 P2P 进行排名，旨在揭示 P2P 平台的综合影响力以及综合实力。

综合指数 = 成交积分×10% + 营收积分×10% + 人气积分×16% + 收益积分×6% + 杠杆积分×8% + 流动性×5% + 分散度×15% + 透明度×12% + 品牌×18%。

这种权重打分的方式也是目前已有评价体系中较流行的一种方式，新浪财经以及棕榈树均采用了类似的方式。

表6－1 网贷之家综合评级指标

一级指标	二级指标
成交积分 （10%）	总成交量积分：平台月度总成交量 时间加权成交量积分：平台月度时间加权成交量 净值秒标成交量积分：平台月度净值秒标成交量

---

① http：//www.wangdaizhijia.com/pingji.html。

续表

一级指标	二级指标
营收积分（10%）	借款管理费积分：时间加权成交量近似估计 其他费用积分：VIP、充值提现费等 无垫付积分：平台是否垫付本息
人气积分（16%）	借款人数积分：平台月度借款人数 投资人数积分：平台月度投资人数
收益积分（6%）	收益率积分：平台月度平均收益率 风险收益比积分：$\dfrac{（收益率-3\%）}{待收杠杆}$ 其他费用积分：利息管理费、VIP、充值提现费等 无垫付积分：平台是否垫付本息
杠杆积分（8%）	待收杠杆积分： $待收杠杆=\dfrac{平台月末待收金额}{\left(注册资金\times做实程度\times风险准备金\times\dfrac{担保公司}{注册资金}\times0.5\times做实程度\right)}$ 地域杠杆积分：$地域杠杆=\dfrac{平台月末待收金额}{总部城市积分}$ 风投入股积分：风投时间、风投资金、风投公司等 无垫付积分：平台是否垫付本息 担保公司10倍杠杆积分：$\dfrac{平台月末待收金额}{担保公司注册资金}$
流动性（5%）	久期积分：投资收回本金的平均时间 债权转让积分：平台债权转让程度、费用、时间等 活跃净值标积分：平台净值标程度、费用、时间等 提现情况积分：平台提现要求

续表

一级指标	二级指标
分散度 (15%)	前十/最大借款人待还占比积分：$\dfrac{平台月末前十/最大借款人待还}{平台月末待收金额}$ 均借款金额积分：平台月度人均借款金额 均投资金额积分：平台月度人均投资金额 (1/借款人数) 积分：平台月度借款人数倒数 借款集中度积分：$\dfrac{投资人数}{借款人数}$
透明度 (12%)	运营信息：日/月/季/年报、逾期率/黑名单、投资人见面会/考察、发标预告 基本信息：公司证照、法人/团队信息、办公环境、客服 业务信息：标信息易见/协议模板/借款描述/借款照片/借款人账户/借款人信用等级、逾期催收、风险揭示、资金托管/充值方式
品牌 (18%)	运营时间积分 总部城市积分 风投入股积分 媒体报道/Alaxa 排名积分 股东/团队背景积分 自主研发系统积分 负面事件积分

资料来源：网贷之家。

（四）中国社会科学院金融研究所联合金牛理财网等①

中国社会科学院金融研究所联合金牛理财网等于 2014 年 10 月首次发布 "P2P 网贷评价体系"，并公布 20 家 P2P 企业获评为 A 级以上 P2P 平台。该评级体系采取对数十家 P2P 网贷企业进行走访调研的形式，从基础指标、运营能力、风险管控、社会责任、信息披露五方面对 P2P 平台进行了研究

---

① http：//www.jnlc.com/common – files/2014 – P2P/。

和评价，并运用了类似网贷之家的权重指标层次分析法，至 2014 年 12 月 17 日发布了 2014 年三季度评级结果。

（五）棕榈树①

深圳网贷中介机构棕榈树于 2014 年 8 月发布 P2P 平台评级系统。其评级方式主要以现场调研为主，结合非现场方式收集平台信息，并在此基础上进行全面评估。其评级系统从平台背景实力、管理团队、风控能力、合作方担保实力能力、IT 系统支持、客户体验、运营能力、重大事项八个方面进行定量分析及定性判断，最终形成该平台风险状况的全面评估。不同项目有不同权重，其中风控能力所占权重最高，占比约为 35%，实力背景和管理团队则分别占 20% 和 15% 左右，根据得分情况不同，将平台分为 AAA、AA、A、BBB、BB、B 六个不同等级，用来显示 P2P 平台的诚信水平。

二、P2P 网络借贷评级体系的问题

P2P 评级对市场的理性发展有重要作用。目前各类第三方机构出台的 P2P 评级体系不断涌现，然而绝大多数的评级标准都难以获得广泛的认可。除惠誉的信用评级，目前我国相关评级机构多采取权重分层评分方式，具体评级指标都涉及监管方面、平台背景、资金实力、网络影响力、信息安全、风险控制等多个维度，可谓包罗万象。然而这些 P2P 评级都存在一些问题，在 P2P 数据基础不健全的情况下，评级机构经验不足、评级目的不明确、评级结果不一致，导致评级结果对投资者有一定的误导性。

P2P 评级体系目前存在的主要问题有以下几个方面：

（一）评级目的不明确

目前对 P2P 的评级已经脱离了一般意义上的信用评级范畴，众多的评级体系更像是建立在自己理解之上的对 P2P 网络借贷平台的综合实力或者综合影响力排名，即考察的是平台运营经验、注册资本水平、平台用户基础等。

---

① http://www.zongls.cn/pinji/pinjiList.aspx。

（二）评级的公信力有待建立

在中国，评级机构的设立需要到中国人民银行申请专业牌照，如果是评级机构的信息失误误导了投资者而造成损失的，还需要承担相应民事责任。目前的 P2P 评级机构很多还未申请到评级专业资质，一些新成立的评级机构面临着人手紧张、实地调研困难、缺乏相关领域的评级经验等问题，其评级方法和评级模型的专业性也有待市场进一步检验，其评级结果公信力还有待进一步提升。

（三）数据基础薄弱

目前 P2P 处于发展的初期阶段、业务模式还未定型，仍处于高速迭代的时期，市场规模相对较小，数据几乎无积累，缺少完整的交易记录，而且行业数据不透明，坏账率数据一数难求。在这种条件下，建立一个科学合理的 P2P 评级体系是有难度的。

（四）评级结果实用性不强

目前 P2P 评级的实用性不强，主要是评级结果意义不明确。现行信用评级的评级结果是和违约概率一一对应的，例如 AAA 级别的主体对应 1 年期的违约概率为 0.0001%。而 P2P 的评级结果，既不能充分反映未来该平台网络借贷的综合违约概率，也不能和 P2P 平台本身"跑路"的概率相挂钩，更像是平台综合实力的一个全方位评价。

三、P2P 网络借贷评级体系改进方向

至今，监管部门虽已明确提出了 P2P 的发展红线，但行业标准还未统一。在此背景下，针对目前 P2P 评级中存在的各类问题，未来 P2P 评级可以从几个方面改进。

首先，建议建立针对单个网贷的内部评级，区分内部网贷评级和 P2P 平台评价及平台评级。目前市场上所谓的对 P2P 平台的评级较多，而对 P2P 单个网贷的信用评级较少。

在 P2P 发展初期，做大而全的 P2P 平台综合评级，不如着手建立对单个网贷的内部评级实用意义更大。因为单个的内部网贷评级对投资者来说

意义更明确、与投资决策更相关，同时可以为大数据风控的发展积累数据和手段。对单个网贷的评级，也可以采用委托第三方评级机构的形式。而作为一个服务型中介，对 P2P 网络借贷平台的信用评级应该至少做到两个方面其中之一：一是评级能够充分反映平台破产、"跑路"、诈骗的概率，二是评级能够反映 P2P 平台上所有的贷款标的平均违约率情况。

目前市场上的 P2P 网络平台评级，更多的是综合实力评价，综合实力评价对各方参与者也有较大的意义，而对平台综合实力的考察，可以采用大众点评的用户体验方式，采用信息充分披露的原则，包括对 P2P 的股东背景、资金实力、网络影响力、信息安全、风险控制手段等各类信息进行充分披露，由投资者自己来做决策选择 P2P 平台，用脚投票。

其次，根据 P2P 的业务本质，对信用中介型的 P2P 可参照银行以及小额信贷的评级方法进行评级，而对信息中介的评级或者评价需要结合平台自身模式。

最后，在发展的同时注重评级规范。构建统一的评级标准以及有效的评价、检验及惩罚机制，进一步提高评级机构的技术水平、内控制度等。

第三节　P2P 网络借贷平台评级体系方法论

P2P 网络借贷平台评级体系建设可以借鉴金融机构或者一般公司的评级体系。但是由于目前 P2P 行业还处在迅猛发展的初级阶段，新的业务模式层出不穷，市场竞争激烈，因此相对于传统的、比较成熟的评级体系而言，P2P 网络借贷平台的评级体系有一些新的特点。下面主要从 P2P 网络借贷平台评级体系建设原则、方法论展开分析。

一、P2P 网络借贷平台评级体系建设原则

考虑建设 P2P 网络借贷平台的评级体系，首要的问题是明确评级的目标。在传统主体评级领域，评级主要是考查受评主体按合同如期履行特定

或相关债务的信用能力，数量上可以用违约概率衡量。

不等同于受评主体业绩和市场价值的评估，对 P2P 平台的评级可以采取不同的评价目标。比如，从监管角度，主要考虑 P2P 平台的合法性、风险可控性，对涉嫌非法集资等违法行为进行管制，维护市场的有序竞争；或者从单个投资者角度，主要考虑投资的风险和收益，除了考虑平台本身的稳定性以外，还需要考虑特定投资产品的违约概率和收益情况。因此，需要对 P2P 网络借贷平台评级体系设定一致的评级目标。

目前评级体系可以考虑主要评价 P2P 网络借贷平台的总体安全性，亦即平台的"跑路"风险，投资者收益情况不作为评估目标。

P2P 平台评级体系遵循的原则与传统评级体系建设的原则相同，包括客观性、重要性和及时性等。其中，客观性是指评价的依据来源于客观事实，真实反映平台的经营发展情况；重要性是指评价指标捕捉了主要的风险因素，并且对风险因素根据其重要性给予相应权重；及时性是指评价的结果反映了当前平台的实际情况，有一定参考意义。同时，还需要注意评级指标体系的科学性和可操作性。可以运用传统的层次分析法、专家判断法和其他分析技术建立和完善评级指标体系，在保障评级体系科学性的同时，加强其可操作性。

二、P2P 网络借贷平台评级体系方法论

P2P 平台评级体系可以借鉴传统评级的方法论。一般需要考虑三个步骤，即分析、综合和评价。

分析是全部过程的第一步，主要是通过采集数据、分析案例、专家访谈等多种形式，收集影响 P2P 平台信用的风险因素，发现典型事实。

综合是分析基础上的深加工，需要进一步分析哪些风险因素是主要的风险点，它来自平台本身还是属于外部环境；对采集的数据进行遴选，确保相应的数据真实可靠，并且具有一定的延续性。除了平台自身的分析和综合外，还可以通过平台之间数据的交叉比较，分析平台的行业主要竞争力。对于 P2P 平台分析而言，更重要的是通过综合各方面的数据和信息，

了解目前 P2P 行业的发展阶段、面临的主要问题，以及短期和长期竞争优势等。需要认识到，将一个成熟行业的分析框架应用到 P2P 网络借贷行业是不适宜的。

评价要把综合起来的对平台的整体认识，按照一定标准，结合专家判断，对平台的风险状况进行评估，最终量化到一个特定的级别或分类。

对平台进行分析、综合和评价是一个不可分割的整体。一般而言，评级过程应该具有严肃性，确保结果的一致性。

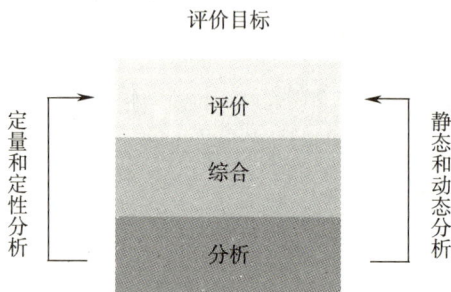

评价目标

定量和定性分析 → 评价 综合 分析 ← 静态和动态分析

图 6－1　P2P 评级方法论示意图

建立 P2P 平台评级体系要注重定性和定量方法的结合。在传统评级方法论中，除了在财务分析和部分指标预测中采用定量分析外，评级中大量采用定性分析，考虑各种因素和不同专家意见得到最终评级结果，比较全面反映受评主体的风险构成。

财务分析中现金流量的分析和预测是传统评级分析中比较重要的定量分析方法。比如，穆迪公司的方法论认为清偿到期债务的能力大部分取决于企业的现金流量是否充足。因此在穆迪的定量分析中，将现金流量分析列为核心，其他财务比率均归结其中。在一般现金流量分析中考虑的方面包括正常经营产生的现金流量构成、流动资产来源和可变现资产价值、债务和权益构成等。

在风险因素中，有许多无法通过数量方法准确计量，因此需要定性分析方法。例如企业竞争力，包括领导能力、技术水平和管理水平等内容，它们都反映了企业竞争力的一个侧面。对于这些侧面很难用数量指标来表示，这就要通过调查了解，用文字加以描述，分析它们的好坏，评定它们的等级。

定量和定性的结合也是需要注意的。一般认为，利用数学模型对过去的财务数据进行分析，仅仅是评级的初步工作，需要在此基础上，对市场环境、竞争能力、经营者的经营素质等各种因素进行综合分析和调查，确保评级能得到正确的结论。一般认为未来的新因素越多，现有财务资料越没有分析价值。这一观点对于建立 P2P 平台评级体系很有参考意义。

P2P 平台评级要特别关注对 P2P 网络借贷平台的静态和动态分析。静态分析侧重依据过往或者现在受评主体的经营情况，对其未来偿债能力进行分析评估。由于社会环境的不断变化，企业的经营活动也在不断变动，不能单纯依靠过去几年的业绩就作出今后信用状况的判断。

事实上，信用评级就是对主体未来信用状况的一种预测。因此需要考虑未来的发展情况。我们必须进行动态分析，通过分析企业竞争能力、收益、市场等情况的动态变化，预测企业信用状况的发展趋势。P2P 行业还处在急速发展的阶段，对动态情况的分析至关重要。

第七章　P2P网络借贷平台监管研究

第一节　P2P网络借贷监管现状

P2P网络借贷起源于民间金融借贷，至今已经有数百年历史。互联网的发展使得民间金融这种古老的融资模式迁移到线上，从而绽放出新的活力，同时对于目前的市场发展和经济增长亦具有一定的现实意义：一是作为传统信贷补充，其可以缓解中小企业和个人融资难问题；二是有利于分散融资风险，增强金融体系的弹性和稳定性。

但P2P网络借贷平台作为新兴行业，其成长过程中不可避免会出现泥沙俱下的局面，必然要经历一个大浪淘沙的过程。因此，加快P2P网络借贷平台的研究很有必要，需根据经营实质，运用信息监管原理，借鉴境外监管做法，明确相关监管措施。

一、国外P2P网络借贷平台监管实践

（一）美国P2P网络借贷的监管

以Lending Club和Prosper为例，由于投资人和借款人之间不存在直接债权债务关系，投资人购买的是P2P平台按美国证券法注册发行的票据（或收益权凭证），而给借款人的贷款则先由第三方商业银行提供，再转让给P2P平台，当借款人对贷款违约时，对应票据的持有人不会收到P2P平台的支付（P2P平台不对投资人提供担保），但这不构成P2P平台自身违约。

由此，基于票据证券化的业务机制，美国证券交易委员会（SEC）是 P2P 网络借贷的主要监管者，然而 SEC 监管的重点是信息披露，而非 P2P 平台的运营情况。与此同时，P2P 网络借贷平台必须在发行说明书中不断更新每一笔票据的信息，包括对应贷款的条款、借款人的匿名信息等。

（二）英国 P2P 网络借贷的监管

自 2014 年 4 月，英国金融行为监管局（FCA）接替公平交易管理局（OFT）行使对 P2P 网络借贷的监管职能，并发布了《关于网络众筹和通过其他方式发行不易变现证券的监管规则》。在此规则中，FCA 将 P2P 网络借贷纳入借贷型众筹进行监管，提出了最低资本要求、客户资金保护规则、平台破产保护、客户撤销权、信息披露和争议解决与报告机制等监管要求。

（三）德国 P2P 网络借贷的监管

德国目前没有具体的法律和机构监管 P2P 借贷。根据《德国银行法》的规定，任何吸收存款或进行放贷的机构，都必须向联邦金融管理局领取银行牌照。为规避监管，P2P 平台机构一般委托银行办理资金收取、支付及放贷。

其主要流程是：P2P 平台与银行合作，放贷人将资金首先存入银行，待贷款协议一经达成，银行将贷款人的资金划转至借款人账户。由于各业务环节都主要通过银行进行，德国监管者认为 P2P 网络借贷不会对金融稳定产生太大影响，没有必要为此专门调整监管法规。

（四）日本 P2P 网络借贷的监管

日本监管当局的监管思路主要是通过"地下金融对策"系列法律（包括《贷企业法》、《出资法》、《利息限制法》和《资金清算法》）对 P2P 网络借贷进行监管。具体措施包括：市场准入的规定，净资产 5000 万日元以上；准入门槛的规定，由行业协会进行实质审查；贷款利息的规定，最高不得超过 20%；贷款总额的规定，为防止借款人过度借贷，如贷款总额超过借款人年收入的三分之一，将不得再向其发放贷款等。

二、中国 P2P 网络借贷平台的监管实践

中国当前以 P2P 网络借贷平台为代表的互联网金融发展推进了实体经济的模式创新和运行效率，为小微企业和个人提供了便利，正在逐步成为传统金融领域的有益补充。同时，我国监管部门对 P2P 网络借贷平台等互联网金融业务的监管保持着开放包容、鼓励创新原则的态度，并拟结合互联网的特点进行差异化监管、适度监管、分类监管、协同监管。

根据中国当前 P2P 网络借贷平台业务实质，可以划分为信息中介和信用中介两大类，这也是监管部门研究制定相应监管政策的重要分类标准。

（一）作为信息中介的 P2P 网络借贷平台

该类 P2P 网络借贷平台主要定位于通过线上发布融资信息，线下协助对借款人资质审核，实现将资金供给方和需求方有效联通。对于信息中介类型的 P2P 平台，实质上提供的是信息服务，因此，监管的核心原则是信息披露监管，只要平台进行充分的信息披露，风险是可控的。

在具体的业务实质界定方面，根据 P2P 网络借贷平台为小额借贷双方提供信息服务的业务模式，要求 P2P 网络借贷平台不能实质参与资金经营和运作，不为投资者提供担保，而应作为信息中介而非交易平台，同时相应的监管要以线上、线下一致原则为出发点，逐步完善对于信息中介 P2P 网络借贷平台的信息监管。

（二）作为信用中介的 P2P 网络借贷平台

该类 P2P 网络借贷平台主要通过向客户投资募集资金，选定借款人放贷，其在业务运作机制上实现了期限转换和流动性转换。具体地，通过 P2P 网络借贷平台将期限相对较短、流动性相对较好的客户资金转换为期限相对较长、流动性相对较低的非标准化债权。与传统银行的资金运作原理基本类似，但不同在于该类 P2P 网络借贷平台缺失明确的信用转换功能。由于 P2P 网络借贷平台主体本身不是银行业金融机构，其资本性质和股东构成存在差别，导致其信用水平也存在不同，使得在信用转换方面，可能会出现不同的隐性或显性担保情形，这就需要实施差异监管。

作为信用中介的 P2P 网络借贷平台在补充小额信贷市场有效需求的同时，也存在"自融资型"等监管套利的 P2P 网络借贷平台模式的突出问题。在该类模式下，企业主为了自身融资需求而开设的 P2P 网络借贷平台，通常涉及的企业大多无法通过正常渠道获得贷款资金，主要做法是通过集合公众资金投资大额和长期限的标的，甚至虚构融资需求，非法吸收、侵占和挪用公众资金，诈骗投资者资金。

回顾我国当前互联网金融监管框架，已初步搭建了金融监管协调机制，提出了"适度监管、分类监管、协同监管、创新监管"的基本原则，由人民银行牵头互联网金融监管，银监会和证监会分别具体负责对 P2P 网络借贷平台和众筹业务的监管。从目前的监管实施过程看，主要监管部门通过监管协作，将支付结算、合规销售、打击非法集资等多项内容纳入协同监管框架，旨在从资金募集、转移、清算和运作等各个方面建立全方位的审慎监管框架。

第二节　P2P 网络借贷平台监管的必要性

无论是对于作为信息中介还是信用中介的 P2P 网络借贷平台而言，其创新发展本质都是基于互联网大数据分析，实现对信用风险的有效管控。如在理想的线上完全闭合环境下，即不存在线下信息漏出，大数据分析能够消灭信息不对称，从数据中提取信息提前判断借款人的偿付能力，替代商业银行作为金融中介的监督借款人职能，从而降低社会成本。

由此，理想状态下 P2P 网络借贷平台与商业银行存在替代的关联性，在 P2P 网络借贷平台的监管理论上，可以借鉴商业银行，但与传统金融机构或业务监管不完全相同，却与信息监管有类似之处，类似于直接融资的充分信息披露原则。本节从信息监管出发，通过比较研究提出对 P2P 网络借贷平台的监管政策建议。

一、P2P 网络借贷平台相较于商业银行的突出特征

传统商业银行通过用利率和抵押物来过滤借款人，并通过寻求摩擦使得借款人和存款人配对，解决存款人和贷款人信息不对称问题。但同时也存在相应的问题，商业银行资产端作为其盈利来源，存在信用风险的脆弱性，使得商业银行存在选择性供给信贷。

针对企业和商业银行间的信息不对称性，商业银行可以利用利率和抵押来筛选客户，但由于贷款合同的特殊性，有可能会产生逆向选择，风险越高的企业越倾向于接受贷款合同。由此，商业银行出于自身的利益最大化考虑，会选择最优的利率水平，而不是最高的利率水平，然而在商业银行利润最大的利率水平下，企业的贷款需求可能高于贷款供给，导致了信贷市场上供给不足问题。

在理想的线上完全闭合环境下，P2P 网络借贷平台的特殊性相较于商业银行具有以下突出特征：

一是 P2P 网络借贷平台能够解决线上投放实质信贷的逆向选择问题。基于互联网技术发展、数据处理能力的提升，在闭合环境下，即如不考虑借款人互联网线下经营活动、借贷行为，基于数据分析的信用分析，能够降低资金提供方和需求方的信息不对称性。

P2P 网络借贷平台通过借款人线上经营、消费等活动，合理评估其还款能力，降低借款人隐藏经营成果、逃避债务的可能性。

基于大数据的信用分析体系，在一定程度上达到了类似通过人民银行征信系统对借款人进行信用分析的效果。

二是 P2P 网络借贷平台能够降低融资主体的道德风险问题。根据 Holmstrom 和 Tirole 在 1997 年提出的传统商业银行借贷模型框架，其中，商业银行与存款人、借款人之间存在两两均衡，但商业银行自身也还面临着受资本约束时的利益最大化问题，会导致出现借款人选择差项目且存在私利的情况，商业银行在满足最低资本约束条件下，仍向不合格的借款人提供借贷资金，实质上是侵蚀了存款人利益。

但 P2P 网络借贷平台融资模式，实质上是将资金提供方和需求方直接对接，特别是对于作为信息中介的 P2P 网络借贷平台而言，仅存在融资方和借款方的单一均衡，在提供融资的客户能够风险自担的前提下，减少了融资环节、降低了道德风险。

三是 P2P 网络借贷平台提供了借贷便利，通过其利率水平调节，反映出了借款人的市场风险水平。近年来我国商业银行在受杠杆水平约束情况下，通过调配表内信贷和商业银行理财非标准化债权，就是反映风险偏好水平变化与债权融资形式的例证。Adrian 和 Shin 于 2010 年提出商业银行杠杆水平存在顺周期性观点，反映了其风险偏好，并体现在是以贷款还是以债券对企业融资的替代效应上。2012 年，谢平、邹传伟提出互联网金融模式提高了信息处理能力和资源配置效率的理论，指出其在融资模式上属于既不同于商业银行间接融资，也不同于资本市场直接融资的第三种融资模式。

相较于传统商业银行，P2P 网络借贷平台不局限于存贷款基准利率定价，如在负债端融资来源客户能够风险自担的前提下，由其投放非标准化债权资产等实质信贷的利率浮动，能够反映出负债端融资客户风险偏好和资产端借款人的风险溢价。

即便在当前 P2P 网络借贷平台机构主体还未实现统一管理、非标准化债权资产利率水平、期限还未实现统一报送的情况下，由于 P2P 网络借贷平台受业务范围、借款人特征不同等因素影响，还未形成完整 P2P 网络借贷平台融资利率曲线，但已初步作为对银行业金融机构的信贷补充品，所形成的资产在本质上类似于私募型债券，能够在一定程度上反映出不同风险溢价的利率水平和投融资方的风险偏好。

二、对 P2P 网络借贷平台实施分类监管的必要性

P2P 网络借贷平台目前在我国采用信息中介模式的较少，大多数采用信用中介的模式。类比传统商业银行，具有信用中介功能的 P2P 网络借贷平台在机制设计和工作原理上与传统商业银行相同，目前许多 P2P 网络借贷

平台甚至开办实体门户，类似于社区银行，其实都是将资金需求方和资金供给方有效结合，实现资金的融通。

在其负债端通过以客户投资的形式，如理财产品或计划等方式募集资金，在其资产端则通过投放非标准化债权对接融资客户。P2P 网络借贷平台和传统商业银行模式区别如图 7 - 1 所示。

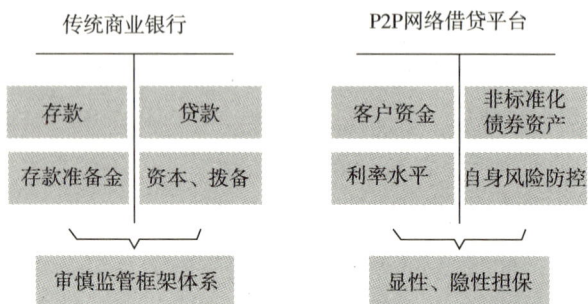

图 7 - 1　P2P 网络借贷平台和传统商业银行模式区别

截至目前，具有信用中介功能的 P2P 网络借贷平台机构主体本身不受金融监管约束。主要表现为：在负债端，P2P 网络借贷平台不受中央银行约束、无需缴纳存款准备金，因此具有更强的信用创造能力；在资产端，P2P 网络借贷平台未对实质风险资产计提相应的资本和拨备，类比于银监会印发的《关于规范商业银行理财投资运作有关问题的通知》对非标准化债权的定义范围是，未在商业银行间市场及证券交易所市场交易的债权性资产，包括但不限于信贷资产、信托贷款、委托贷款、承兑汇票、信用证、应收账款、各类受（收）益权、带回购条款的股权性融资等。

可以认为，对于通过 P2P 网络借贷平台募集资金产生的债权融资，也属于非标准化债权资产范畴。参照银监会要求商业银行将非标准化债权资产类比传统信贷计提相应的资本和拨备的监管实践，可以要求 P2P 网络借贷平台对非标准化债权进行类似的信用风险防控。在现行业务实践中，部分 P2P 网络借贷平台已根据资产大小计提一定额度比例的风险缓释资本，并最终体现在客户融资成本上，以此滚动运作、建立自身的资本缓冲体系、抵御平台整体信用风险损失。

通过对比分析传统商业银行与在理想的线上完全闭合环境下 P2P 网络借贷平台的关联性，可以认为，理想状态下 P2P 网络借贷平台利用大数据分析特征，将部分事中、事后的信用风险防控前移，加强了信用风险预判和防控。但由于互联网传播的广泛性，不受区域经营限制、受众更广等现实特征，为维护公平的市场竞争秩序、维持金融稳定和引领金融发展及保护金融消费者利益，有必要将信用中介形式的 P2P 网络借贷平台纳入审慎框架实施监管。

对于信息中介形式的 P2P 网络借贷平台监管的理念和方式，与传统金融监管则应不完全相同，与信息监管有类似之处。

第三节　P2P 网络借贷平台监管目标和实现路径

从根本上讲，在理想的线上完全闭合环境下 P2P 网络借贷平台可以基于有效的大数据分析，首先，能极大限度地降低信息不对称产生的问题，也能有效地将传统商业银行存在的道德风险和借款人逆向选择问题降至最低，从而在信贷供给上消除风险歧视；其次，通过风险溢价反映出资金供给方和需求方的风险偏好和收益特征，并能够在一定程度上引导构建起市场化的利率水平，逐步成为多层次利率市场的组成部分之一。

具体到在监管政策的制定和执行上，首先，要明确监管 P2P 网络借贷平台所要实现的监管目标，充分考虑其对金融市场环境、金融体系稳定和金融机构主体的影响，有效平衡创新发展和风险防控；其次，要明确监管目标是通过加强政策引导、贯彻监管要求来规范和净化 P2P 网络借贷市场，促使 P2P 网络借贷行业长远稳健发展。

根据市场、行业、机构三个维度，对 P2P 网络借贷平台的监管要实现以下三大目标。

一、引导建立并维护公平的市场化运作机制

（一）不设歧视性门槛

对于 P2P 网络借贷平台的股东资质、资金提供方和资金需求方，在满足基本门槛要求的前提下，不予区别对待，接近注册制。这是由于 P2P 网络借贷平台是基于互联网应运而生的。而正是由于互联网的开放性和包容性，对于涉及 P2P 网络借贷市场的参与者不得存在歧视性和垄断性的规范要求，这是建立公平的市场化运作规则的基础性和原则性条件。

具体到涉及各方而言：

一是在 P2P 网络借贷平台股东资质层面，在满足基本市场准入条件的前提下，不对发起设立或控股、参股的股东资质做额外的限制性要求。对 P2P 网络借贷平台的股东资本性质，不做差异化的市场准入制度安排，不管是民营资本还是国有资本，只要依法合规，符合市场准入的基本要求，就能发起设立并参与 P2P 网络借贷平台。

二是对于作为资金供给方的投资者，只要满足投资门槛金额要求，在风险自担的前提条件下，就可以充分参与 P2P 网络借贷平台产品投资。

三是对于资金需求方，在对非标准化债权资产纳入统一数据监测的前提下，不对资金需求方的利率和期限进行管制，以此满足不同类型、不同风险承担能力企业的债权融资需求。

但是对股东、董监事和管理层，在坚持无罪推定的情况下，有基本的诚信和专业资质要求。

（二）运用综合增信措施逐步替代担保

由于国内征信体系尚不完善，大部分平台还不能通过纯线上的风控方法解决网络借贷问题，纯信息中介模式较难适应目前的金融环境，不过随着国内征信系统等金融基础设施的不断完善，消除各类显性和隐性担保将是未来 P2P 行业的发展方向。从当前市场发展初期，就应该引导 P2P 网络借贷平台以实际市场风险变化为基准，建立风险自担的运营机制架构，通过加强自身风险管理、预防产品风险，依靠司法程序处置机构主体风险，

减少对常规金融体系救助的依赖，降低对金融体系稳定性的影响。

一是在对不同资本性质的股东进入 P2P 网络借贷平台时，根据是否存在显性或隐性担保，对不同性质股东开展的信用中介业务进行区别对待，并采取不同层级、不同方式的监管措施。

对于显性担保的信用中介业务，无论是民营资本还是国有资本，要求在产品创设过程中合理估算隐含的显性担保的风险成本和溢价，在信息披露时，要充分解释显性担保程度及损失承担范围，有效划分 P2P 网络借贷平台单一产品风险和股东连带损失责任。

二是对于隐性担保的信用中介业务，监管目标就是旨在消除隐性担保，让资产端利率浮动真实反映市场风险变化水平。对于存在隐性担保的业务行为，根据实质重于形式原则，按照审慎框架实施监管，特别是对存在国有资本的 P2P 网络借贷平台，根据担保性质和强弱可以分为 P2P 股东主体或平台主体为金融机构和非金融机构的国有资本两类。

毋庸置疑，国内 P2P 行业在近中期还无法真正摆脱对担保资源的市场依赖，这是中国社会征信体系建设过程中的阶段性特征。今后一个时期，如何增强评级、征信、尽职调查、风险概率事件挖掘等环节的能力水平和技术覆盖率，将是决定风险管理质量的重要内容。

在风险自担方面，一方面要求加强信息披露，对于 P2P 网络借贷平台股东性质做充分揭示；另一方面要求 P2P 网络借贷平台融资对象不得是股东主体或关联方，杜绝利益输送和违规关联交易行为，将隐性担保的传导影响降至最低。

二、维护金融稳定、引领金融发展

目前还可以认为 P2P 行业处于发展初期，还不能够对金融体系的整体稳定性产生实质性影响。主要是由于：在业务体量方面，根据第三方机构测算，P2P 行业总资产规模相对于商业银行 170 多万亿元资产规模而言，还不具备实质影响能力；在业务结构方面，相较于传统商业银行的零售、对公和资金三大板块业务而言，对于具有信用中介功能的 P2P 网络借贷平台也仅覆盖前两大业务板块，其不具备金融机构的信用资质，不能进入商业银行间市场，亦不能开展同业业务，因此还不具备通过银行间市场对金融体系进行风险传染的路径。

在对金融危机的反思中，很多文献都聚焦于商业银行信贷以外的金融体系，认为其作为传统商业银行等金融中介外的补充，一方面补充了信贷融资需求，拉升了社会融资规模，但另一方面也助长了金融泡沫，并且在缺乏有效监测的前提下，其作为传统商业银行体系的补充或替代部分，也受到由于货币政策变化引起风险偏好变动进而对资金供给所产生的影响，由此进一步地影响金融机构信贷供给，从而对金融稳定产生影响。

从 P2P 网络借贷行业长远发展看，有必要将 P2P 网络借贷平台纳入金融安全网范畴，防范对金融体系产生的各类不稳定因素影响，通过建立起 P2P 网络借贷平台资产信息的统一报送机制，在完善金融基础设施建设的同时，引导 P2P 网络借贷平台向促进金融稳定、引领金融发展的方向前进。

实现该监管目标具体应着力于以下方面：

（一）完善 P2P 网络借贷平台的机制设计

第一，明确 P2P 网络借贷平台的市场定位，明确其作为市场化融资或信息主体的业务范围和功能定位，以此确定其在当前多元化、多层级的金融体系中的位置，并据此制定相应的风险防控措施。

第二，P2P 网络借贷平台不得与商业银行有直接或间接关联。P2P 网络借贷平台的资产负债表项目不得与商业银行有交叉、重叠，旨在针对当前存在的各类金融交叉业务所涉及的各类金融风险，将 P2P 网络借贷平台的流动性和信用性风险显性化、市场化和独立化，降低金融风险传染程度。

第三，对于超越其业务定位的经营行为应按照现有金融监管法律，由相应监管机构实行准入和监管。同时，受监管的金融机构应按照法律法规许可的范围开展 P2P 网络借贷业务，不得利用互联网渠道超范围经营或规避监管。

（二）建立 P2P 网络借贷平台的信息报送机制，将相互割裂的平台有效关联起来

通过 P2P 网络借贷平台信息数据统计的基础设施建设，汇集各类资金利率、期限、违约概率和风险损失等基础数据，构建信用风险核心定价参数，建立起基于 P2P 网络借贷平台的市场化的基准定价体系。

这样一方面可以规范行业发展，在报送数据真实的情况下，可以利用市场化手段，将经营能力较差或存在违规行为的 P2P 网络借贷平台主体淘汰出局；另一方面是在当前贷款、债券、各类理财计划等多层次利率体系下，补充了以 P2P 网络借贷平台为基准的利率体系，完善了多层次利率体系，同时也加速了更多层次利率传导的相互作用。

这是因为在完全线上闭合的理想状态下，按照监管目标的机制设计，P2P 网络借贷平台反映的是由市场决定的利率水平，相较于贷款由中央银行定价基准决定的利率水平而言，P2P 网络借贷利率水平虽然不与金融市场直接关联，但却已一定程度上反作用于金融体系各层级利率水平变动。

（三）建立并完善监管、自律框架

第一，加强针对 P2P 网络借贷平台业务活动的法律法规制度建设。根据监管职责，按照分业经营、分业监管的原则，加强对 P2P 网络借贷平台跨业参与多类金融业务的监管，同时加强监管部门的统筹协调，以适应包括网络借贷等互联网金融业态的快速发展和迭代。

第二，推进行业自律，以市场化方式提高市场出清效率。组建行业自律组织，建立自律规范和约束惩戒机制，在经营资格、业务运转、信息披露、资金管理等方面制定明确行业自律规则，建立市场认可的机构信誉机制，接受公众监督。

三、加强 P2P 网络借贷平台规范化运作，保护金融消费者合法权益

目前 P2P 网络借贷平台不是金融机构，也未设立市场准入和持续监管要求，导致了 P2P 网络借贷平台市场"鱼龙混杂"，非法集资、违规销售等

案件层出不穷。从一方面来看，P2P 网络借贷平台监管还不到位，有待持续完善；但从另一方面来看，虽然案件频发，但也并未对金融体系造成较大影响，反而通过市场自动出清，达到了将违法违规 P2P 网络借贷平台淘汰出局的效果。

但这两方面都说明了 P2P 金融产品消费者作为损失承担方需要保护，需要引起监管部门的重视，在监管目标设定上需要在监管目标一、二等机构监管的基础上，补充保护金融消费者合法权益的功能监管，从规范 P2P 网络借贷平台的机构主体从业准则、资金运作和信息披露等方面加强监管，引导 P2P 行业可持续发展。

（一）对于 P2P 网络借贷平台主体的监管

第一，制定行业准入标准，对 P2P 网络借贷平台的信息技术水平、业务流程、风险控制等设定准入要求；第二，要求引入第三方金融机构负责资金托管，代理 P2P 网络借贷平台在投资者账户、平台账户与发行人账户之间进行资金划转，保证资金的安全性；第三，制定平台的内部风险防控规范，要求 P2P 网络借贷平台在发行主体信息核实和募投资金监控方面承担责任；第四，对 P2P 网络借贷平台的业务范围做一定的限制，不得违规开展关联交易和利益输送，如不得参与发行人与投资者之间的交易等，杜绝"自融资"行为。

（二）对于融资主体的监管

第一，发行人的信息披露制度，要求发行人通过平台向投资者披露公司基本信息、财务状况、主营业务、治理情况等；第二，对发行项目的募资金额设立上限，把 P2P 与传统融资模式区分开来，具体金额应根据发行主体的行业、资产规模、营业收入的不同进行设定。

（三）对于信息披露的监管

应要求 P2P 网络借贷平台在向投资者介绍发行项目时，充分进行风险揭示，提示投资者参与 P2P 网络借贷平台业务面临的风险；同时重视个人隐私保护，强化平台作为数据掌握者和数据使用者在数据保护方面的责任，加强对投资者的教育和保护。

　　总体而言，监管 P2P 网络借贷平台的三大目标在主体层面涉及市场、行业、机构三个方面，在目标效果方面有相互促进，也有冲突。比如引领金融发展与保护金融消费者利益是相互促进的，但在消除显性或隐性担保过程中，可能与金融稳定监管目标相冲突。

访谈录

陆金所：P2P 下一个蓝海——金融资产交易信息服务模式

　　2013 年下半年，P2P 平台信息与咨询服务产生了重要演进。陆金所推出了对公的金融资产交易信息服务功能，面向机构客户为其金融资产交易需求提供高透明度、低风险、高效率的信息交换和咨询服务。陆金所在这一轮的业务创新中，在金融资产交易信息服务领域作出了有益尝试。

　　2013 年以来，P2P 行业蓬勃发展，其凭借着高效率为投融资市场提供了极大的便利性，随之也形成了很多具有中国特色的创新模式。

　　P2P 是通过将范围有限的传统个体之间债权交易转移到互联网上进行，以此实现信息共享和规模扩大的模式。作为 P2P 平台，其主要职责是为投融资双方提供信息和咨询服务，提高投融资双方自行匹配的效率。

　　以国内互联网金融平台陆金所为例，其最早推出的 Lufax.com 平台的基础业务形态是一个为个人投融资提供信息和咨询服务的 P2P 平台，迄今该平台上累计交易规模已经位居全球第一。

　　目前，国内 P2P 领域大部分 P2P 平台也都是从个人间的投融资信息服务出发，各平台仅在服务模式以及规模上有所差异。因此，在这方面，国内各家 P2P 平台之间的竞争也更多。

至 2013 年下半年，P2P 平台信息与咨询服务产生了重要演进。

陆金所推出了对公的金融资产交易信息服务功能，面向机构客户为其金融资产交易需求提供高透明度、低风险、高效率的信息交换和咨询服务。陆金所在这一轮的业务创新中，在金融资产交易信息服务领域作出有益尝试。

目前陆金所是上海唯一一家通过国务院交易场所清理整顿的金融资产交易信息服务平台。

在目前整个金融资产市场流动性整体不足的大背景下，如何促进金融资产交易是市场关注重点。陆金所的互联网金融资产交易信息创新服务模式，为金融资产盘活存量提供了一个全新的视野：依托互联网金融资产交易信息服务平台，立足于各类机构金融资产交易市场需求，借助互联网以自身专业化人才以及金融产品结构化设计与咨询服务优势，为投融资方提供专业、准确、有效的信息发布、浏览和咨询服务，帮助提高金融资产交易市场的透明度和活跃度，从而给金融资产交易市场带来更多活力。

结构化创新业务的现实需求

在流动资金缺乏、资本充足率制约的背景下，银行等金融机构迫切需要利用信贷资产、租赁资产等信用良好的金融资产为自身注入流动资金活力，结构化创新产品为利用这类资产进行融资提供了可能性。

资产的结构化创新旨在为银行零售信贷资产（信用卡、汽车分期贷款、小微贷、房贷）、租赁资产、小贷资产等资产转让业务提供信息咨询及财务顾问服务，通过将这些缺乏流动性的资产提前变现，增强资产流动性，解决流动性风险，开拓新型融资渠道，提升自身资本充足率。

结构化创新业务符合中国银行业的现实需求。在巴塞尔新资本协议的要求下，银行有了补充资本金的现实需求。然而在当前的环境下，银行并不容易拿到资金，因此银行有意愿通过其他途径将优质的资产变卖掉，实现银行信贷资产的转让，以此来获取资金，从而减轻银行的资本及存贷比压力。

结构化创新业务对发起人和投资人而言都具有积极的意义。

对发起人而言，将流动性较差的资产通过结构化创新业务处理，可以在不增加负债的前提下获得资金来源，加快其资金周转，提高资产流动性，降低其流动性风险。通过结构化创新业务优化资产结构，将风险资产从资产负债表中剔除，改善财务比率，提高资本运用效率，满足风险资本指标要求。结构化创新业务还有利于发起人获得低成本融资，为其开辟新型的融资渠道。

对投资人而言，结构化创新业务一方面扩宽了投资者的投资渠道，另一方面其可以为投资者"量身定做"，通过资产的灵活组合"创造"出投资者需要的特定投资品种，以满足不同投资者对期限、风险和利率的不同偏好。降低投资风险的同时获得较高的投资回报，这种产品的多样性与结构的灵活性正是结构化创新业务的优良特性，也是投资者最关注的性质。

陆金所通过专业人才和金融产品结构化设计、咨询服务的优势，为包括信托公司、基金公司在内的金融机构提供定制化的信息咨询及财务顾问服务，主要包括提供基础资产筛选模型、现金流分析、财务分析、风险建模、产品设计建议、专项业务培训等咨询服务。通过对项目流程设计提供专业的信息服务，再依托自身的平台流动性特质，陆金所将自身平台优势充分发挥。

陆金所向特定机构会员提供的信息咨询服务分为支持集合资金信托/特定资管计划、信息咨询服务和一般信息咨询服务。

陆金所接受信托公司、基金子公司等资产管理机构的委托，为其管理的金融产品的发行提供信息咨询服务。在该项业务中，陆金所对金融产品的结构设计及市场定位提供顾问和咨询建议，信托公司、资产管理机构自主判断是否采纳。

在一般信息咨询服务中，陆金所为注册机构会员提供金融产品信息发布和咨询服务，为资金和金融产品提供方提供信息交互。陆金所平台上发布的信息不涉及具体金融资产的详细信息，如果会员需要进一步了解详情，则可以通过点击网页链接，自行联系信息提供方，由产品方和资金方显现一对一洽谈。

信贷结构化创新财务顾问服务案例

2013 年 8 月由陆金所担任财务顾问，成功募集"平安汇通·平安信用卡资产 2013 年 1 号专项资产管理计划"，这是国内首单严格按照标准资产结构化创新规范完成的私募市场产品。

此项产品由平安大华汇通发起设立，标的资产是来自平安银行信用卡资产。该项目的投资者主要为大型金融机构、企业以及通过陆金所网络平台获取的零售客户端。陆金所凭借着其在 P2P 平台的优势和影响力，拥有了一批强大的投资客户，为产品打开了销路，成功实现了基金专项资管计划为承接方的信贷资产转让的模式。

在设计初期，陆金所向平安银行梳理信用卡业务逻辑，充分了解发起人的业务模式、内部流程和数据系统，为平安银行做好结构化创新准备提供专业的建议。在风险控制阶段，陆金所凭借强大的个人信贷风险分析团队深入研究平安银行提供的历史数据，在平衡实际情况和资产要求的情况下制定入池标准并计算历史违约率、损失率和早偿率等现金流模型参数。

陆金所产品设计团队利用这些参数通过建立现金流模型对产品进行切分，并对产品做出结构化分层、超额抵押、信用备付或引入第三方担保等增信安排。通过其提供的顾问服务，平安银行在提高流动性水平的同时也实现了低成本融资。

对平安银行而言，信贷资产结构化创新能够使其从多方面获益。

首先，平安银行以现有信贷资产存量创造了新的资金来源，进一步优化了平安银行资产负债结构的平衡性；

其次，优化了平安银行的资产结构，有利于其将风险资产从资产负债表中剔除，有助于其改善各种财务比率；

再次，平安银行能够转变经营管理战略，便于其进行存量资产调整和优化；

最后，提高了平安银行的风险管理能力，防范和降低贷款集中度过高的风险，及时、灵活地调整其资产负债结构。

陆金所在该交易中担任财务顾问，不仅在产品制作环节提供底层资产风险识别、入池资产挑选、现金流模式构建等顾问服务，还在产品发行的市场策划、目标客户群体定位等方面提供咨询服务，并凭借陆金所的平台优势，充分发挥其作为交易安排人（Deal Arranger，DA）的影响力，为产品拓宽市场入口。

本次项目的成功与陆金所的互联网特质密不可分：

首先，效率高，相较于其他平台，陆金所的咨询项目周期更短，仅需一个半月；

其次，规模效应，陆金所凭借其在 P2P 平台的优势，已经形成了一定的规模效应，为私募发行的成功提供保障；

再次，产品结构灵活，陆金所为投融双方量身定制的产品计划更能够适应市场的需求；

最后，团队强大，通过经验丰富的团队支持，保证了陆金所在资产结构化创新方面能够更上一层楼。

信贷结构化创新为银行注入了资金活力，在未来将成为盘活金融机构资产存量的主要手段。然而，作为不断衍变的市场，信贷结构化创新的成功需要平台规模及业务模式的创新和支持。陆金所凭借自身优势，基于 P2P 平台经验，在优秀团队的领导下，切实了解投融资双方的需求，开发真正具有现实意义的产品。

保理结构化信息服务创新尝试

保理（Factoring）又称保付代理，指基于买卖双方的交易关系，卖方将其现在或将来与买方订立的货物或服务贸易合同所产生的或将要产生的应收账款转让给保理商，并由保理商为买卖双方提供集贸易融资、商业资信调查与信用评估、应收账款管理、账款催收和坏账担保等内容的综合性贸易金融服务。

保理业务根据标准不同，可以分为国际保理和国内保理、有追索权保理和无追索权保理、单保理和双保理等。

保理业务的流程大致如下：货物的卖方在与买方签订合同之后向保理银行提出保理业务申请，在发出货物后将应收账款转让给保理银行，获得保理银行的放款。在合同的付款日时，货物买方按期付款。若买方逾期付款，由保理银行划拨余款或担保付款。保理业务对于规范民间金融行为，降低社会融资成本，切实满足中小企业融资难的问题具有重大的现实意义。目前国内保理商对应收账款管理有一套成熟专业的技术支持，保理业务以应收账款为基础标的进行融资，其风险管理主要是看买方的信用状况。因此，对企业来讲，只要具备真实的贸易背景，生产经营正常连续，现金流正常，具有比较良好的买方合作伙伴，都可以用应收账款进行融资，由专业的保理机构进行应收账款和企业现金流的管理，切实解决生产经营中的流动资金的需要。

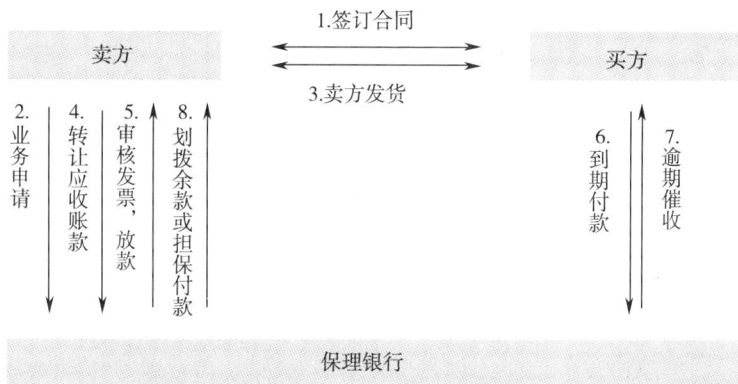

图 1　一般银行保理业务流程图

当前我国保理业务发展的潜力巨大，伴随着市场需求的不断增加和主管部门的政策支持，2012 年后，我国商业保理市场开始发力，其后迅速在全国范围内掀起热潮。截至 2013 年末，我国保理业务量已达 3.17 万亿元，同比增长 11.86%，其中，国内保理占比 78%，同比增长 10.4%；国际保理占比为 22%，同比增长 21%，在全球范围内继续保持总量和增速的领先。2013 年底，我国注册的商业保理企业达 284 家，到 2014 年 9 月末，我国商业保理公司总数已超过 700 家。更多的企业纷纷加入保理行业，为商业保理的迅速发展注入巨大动力。

然而，资金渠道成为制约各大机构做大保理业务的核心问题。

就银行保理业务来看，保理业务可能形成银行的或有负债，降低银行的资本充足率，提高银行的风险性。保理业务作为银行的中间业务，为资金付出方提供坏账担保，该项业务并不直接列入银行的资产负债表，但是影响银行当期损益，拓展了商业银行利润空间。一旦付款方违约，为这笔应收账款提供坏账担保的保理商便有义务代理付款方支付剩余货款。而就商业保理来看，其市场通常是银行并不愿意涉猎的中小微企业，这部分被银行抛弃的业务被商业保理公司接手后，支付给中小微企业一定比例的款项，获得转让的应收账款债权，这使得商业保理公司一定程度上降低了自身资金流动性，制约着商业保理公司的发展。

在陆金所的业务模式中，尝试通过为保理资产的融资提供信息服务平台，来化解这一难题，即由保理商先将应收账款委托发行机构获得融资，再通过特定机构对资产进行增信后，由陆金所作为交易安排人，在平台上线，使得融资人与投资人成功对接，从而实现债权的转让。而陆金所作为信息服务平台在整个环节中为其提供信息服务和咨询服务，为保理机构提供全新融资途径。

站在保理公司的角度，通过陆金所金融资产交易信息服务平台提供的信息服务及咨询服务进行保理资产结构化创新，从而获取了新的融资渠道，降低了保理公司的融资成本，保证流动性，并为其业务的灵活创新提供了保障，提高了保理公司资金周转使用效率。借助陆金所提供的优质信息咨询服务，保理公司能够顺利地开发适合不同行业的保理业务产品，满足不同企业的融资需求。

而且，陆金所为保理结构化创新方式提供的不仅是风险隔离，保障了投资的安全性，也为投资者开辟了全新的投资品种。

票据收益权转让信息服务

陆金所为非金融企业与金融企业机构推出了票据收益权转让信息服务业务。票据收益权转让是指借入人（一般为企业）以其持有的、未到期的银行承兑汇票，经过质押，将收益权转让给投资人。陆金所票据收益权转让信息服务中，陆金所作为信息中介为需要融资的持票人和投资人发布和传递信息和咨询服务。在有进一步意向时，双方会在线下进行谈判，达成交易协议并进行资金结算。

在公开、市场化的平台上开展票据业务，有利于票据发挥货币工具职能，促进利率市场化。对于融资方来说，借助陆金所平台，能够通过互联网方式获得更低的融资成本，提升融资效率。对投资人而言，陆金所能够给出更多的选择，获得更高收益的投资产品和更便捷的投资渠道。而且，在整个过程中，陆金所通过专业咨询顾问服务，能够降低交易双方的风险，并且通过"二级转让"功能，投资人的流动性也能增强。

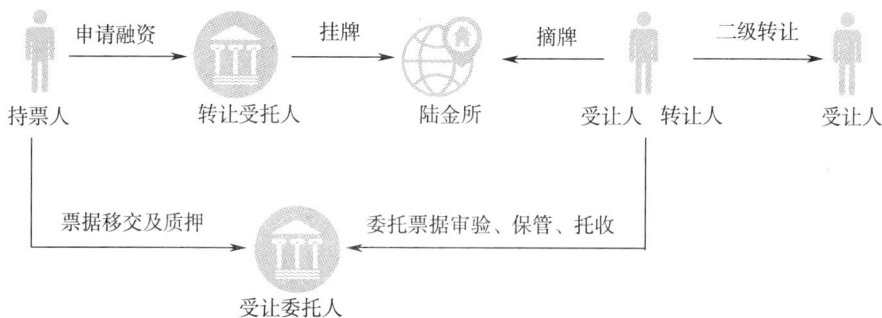

图2　陆金所票据收益权转让信息服务业务流程图

在陆金所信息服务平台进行票据收益权转让的投融双方都必须是陆金所平台会员，需要资金的融资方首先提交挂牌申请和相关材料，通过陆金所审核后在平台上挂牌。投资方在该平台上浏览挂牌标的信息，向融资方发送意向申请并与融资方议价。而平台则作为交易安排人，促进交易进程。交易双方达成协议后，签署转让协议，在票据审验通过后融资方签署质押合同并办理质押手续，投融资双方进行资金结算，实现票据收益权的初次转让。另外，投资方可以将持有的票据收益权在陆金所平台再次挂牌转让。陆金所向票据收益权转让的投融资双方提供挂牌、成交确认等信息服务。

例如，2013 年底，某商业银行受客户委托向陆金所申请进行票据收益权转让，通过陆金所平台寻求投资方。陆金所在将标的票据以及持票企业相关信息进行逐级披露后，很快就吸引了多家证券公司、银行等意向投资人，并最终转让成功。转让成功一方面为企业在年底前解决了融资难题，另一方面也帮助了融资顾问银行满足了客户融资需求。

近期，陆金所又针对个人客户推出票据质押融资信息服务。融资需求方将票据收益权转让予保理公司，陆金所为其提供平台和信息服务，由商业银行票据审验和陆金所方面审核通过之后，在 Lufax 平台上线，投资者通过陆金所平台获取各种产品信息，最终完成投资。

应收账款转让信息服务

应收账款是企业采用赊销方式销售商品或劳务而应向顾客收取的款项。应收账款直接影响企业运营资金的周转和经济效益，尤其是对中小企业而言，大量的应收账款会降低企业资金使用效率，增加企业风险成本，延长企业的营业周期，从而影响企业的盈利状况。因此，实现应收账款管理对于资金来源较少中小企业而言至关重要。

陆金所通过优质服务和不断的交易品种与交易组织模式创新，提供安全可靠的信息服务与多样化的结构设计以及交易安排服务，使得企业通过该业务实现资金更快回流。

陆金所应收账款转让信息服务主要针对非金融企业贸易项下的应收账款、金融租赁和融资租赁公司的租赁应收款。转让涉及的投融资双方必须通过陆金所审核成为该平台会员，融资方向陆金所提交申请材料经审批后进行项目挂牌，投资方浏览项目与融资方议价，达成意向后进行摘牌。双方签署转让协议后，办理资产质押进行资金结算。与票据收益权转让信息服务类似，应收账款转让信息服务允许投资者进行再次挂牌转让。

目前，陆金所根据标的应收账款的来源提供了不同的应收账款转让产品信息，投资期限有的短至 1~3 个月，有的长达 12~60 个月，投资金额在 5000 万~50000 万元不等，提供预期年化利率在 6.8%~8% 之间。陆金所提供交易资产的信息审核公布、产品设计和风险监控等服务，保证应收账款在风险可控的前提下顺利交易。

应收账款转让提高了资金配置的效率，满足投融资双方需求使其从中获益。一方面，通过在平台挂牌将企业的应收账款转让，融资方可以实现应收账款迅速变现，增加企业的运营资金，切实缓解企业尤其是中小企业融资难题。另一方面，资金富余方通过投资获得较高的投资收益，增加了投资者的投资渠道，完善金融市场的产品多样性。

金融资产交易信息服务互联网化的平台要求

面对国内巨额的缺乏流动性的金融资产，以及资金面紧张的大形势，金融资产交易信息服务模式发展前景非常广阔，但由于其业务规模体量与形态的特殊性，其风险也更加复杂多样，这就对提供此类信息服务的平台提出更高的要求。

第一，平台交易流程的合规性。从会员的注册审核到产品在平台上挂牌，从投融资双方洽谈到双方达成协议，在促成双方交易的一系列过程中，平台需要保证每一个环节的安全和规范，建设好良好的交易环境，这是成为会员放心、信赖的金融资产交易信息服务平台的必要条件。

第二，信息服务的及时与有效。作为交易安排人，平台必须保证能够及时准确地在平台上公布挂牌的金融产品的信息，并能成功获得潜在投资者的关注，如此才能提高平台上投融资双方的匹配度，顺利促成交易的达成。

第三，风险的识别与预警能力的提升。作为资金和产品的信息交互平台，需要为投资者提供风险提示，帮助投资者对产品的收益和风险形成较为客观的认识，在投资者进行投资决策之时提供必要的信息支持。

第四，咨询服务水平的专业化。作为一个金融资产交易信息服务平台，需要为融资的资产管理机构提供产品设计及发行的信息咨询顾问服务，这就要求平台具有较高的专业水准，把控风险的同时满足委托方多样化的需求。

陆金所金融资产交易信息服务模式启示

建立金融资产交易信息服务平台，既需要保证平台上产品的信息透明度，又需要严谨有序的操作流程和专业的风险控制能力，还需要有源源不断的创新和专业能力为市场金融需求提供参考方案。

陆金所宣布 2014 年将金融资产交易信息咨询业务的范围扩大到金融机构、非金融企业与合格投资者之间的金融资产交易。陆金所在金融资产交易信息服务方面的众多尝试与创新，给行业也带来相当多的启示。

第一，平台服务对象要明晰，服务范围明确。陆金所在金融资产交易当中，一直是以信息中介和交易安排人的角色出现。在服务对象上，陆金所只为其平台上的注册会员提供信息咨询服务，其会员的注册均需要通过审核。平台上提供信息咨询服务的金融机构均为具有合格金融牌照的合法合规经营企业，只有满足这个前提陆金所才与其签订合同，提供信息及咨询服务。

第二，专业能力。向机构客户提供信息及咨询服务，不仅要求平台本身对各类金融资产以及相关市场非常了解，而且也需要平台具有相关领域的专业人才。在陆金所提供的服务当中，可以看到不仅有信息发布，还有金融产品开发、组合设计、咨询服务等各类交易相关配套服务，这些能力都需要一定的积累。

第三，充分利用互联网平台优势。陆金所之所以能够发展这么快，也与它能够充分利用互联网平台优势有关。利用互联网平台，在信息披露、为投融资方建立更广泛的接触渠道方面都提供了便利渠道。

第四，针对市场需求创新。从陆金所整个业务模式来看，无论其在个人 P2P 网贷方面，还是对公的创新业务，都是找准了中国目前市场上未被满足的市场需求。陆金所的金融创新是建立在市场需求基础而上的，而不是为了仅仅赶互联网金融大潮，原封不动地把传统金融业务搬到互联网平台上去。

在竞争变得越来越激烈的互联网金融市场上，陆金所已领先行业从单纯的 P2P 迈入了一个新的"蓝海"。陆金所的创新业务不仅给行业打开了一扇创新的大门，也在客观上为金融市场提供了专业、高效、创新的服务，同时对我国多层次资本市场体系建设、优化资本配置作出了积极贡献。

对话陆金所董事长计葵生

只有具有一定的独立性，其他机构才更愿意来我们平台

课题组：陆金所作为平安旗下一个强有力的成员机构，发展稳健迅猛，陆金所的核心优势体现在哪里，平安集团作为背后坚实的支持后盾可看作是一个核心优势吗？

计葵生：陆金所成立 3 年发展非常快，特别是 2014 年。在 2014 年末，我们的 Lufax. com 平台注册用户突破了 500 万。不仅仅是用户数和交易额的增长，更重要的是我们的业务流程、风控管理都已经逐渐完善成熟，初步构建起了完善的金融服务生态体系。

我们的核心竞争优势仍然跟传统金融机构一样，是风险控制能力。互联网金融的本质仍然是金融，金融行业的基本原则、标准仍然需要坚持，不能仅仅因为换了一种方式就完全抛弃传统金融多年积累下来的经验教训。

具体来说：

一是我们有一个健康的业务模式，比如我们 P2P 业务坚持不做资金与期限错配，资金全部由第三方托管；

二是已经形成了良好的风控模型，我们的风控模型是在结合平安集团

多年综合金融经验，以及平安集团 8000 多万客户大数据下完善的，在业内非常领先；

三是引进了国内外具有丰富经验的风控专家并建立国际化的专业风控团队；

四是我们有专门的 IT 开发团队，投入了非常多的资金和人力开发自己的平台系统，保证了网站的安全、稳定和便捷。

平安集团在风控模型的建立和完善、金融人才引进以及品牌方面都给陆金所带来不少帮助。而且，平安集团拥有非常齐全的金融牌照，这能为陆金所的新想法提供一个试验平台，创新的空间比较大。

但陆金所是一个公开的平台，是需要具有一定独立性的。一开始别人可能因为不知道你，会有很多顾虑，所以我们最初的发展路径相对比较依赖平安的平台。但从长期看，我们会与平安集团有一定的独立性，因为只有具有一定的独立性，其他机构才更愿意来我们平台，目前来我们平台的平安集团以外的机构已经越来越多。

我们的目标就是要建立一个公开、透明、高效的金融资产交易信息服务平台。在这个平台上，无论是个人还是机构，平安相关企业或者其他企业和机构都可以参与，我们提供专业的金融资产交易信息及咨询服务。

客户体验的不断提升建立在保证安全的基础上

课题组：用户体验是一个很热的话题，陆金所如何运用"互联网思维"提升用户体验，以提升平台自身的竞争力？

计葵生：陆金所与互联网企业一样，非常注重提升用户体验。比如，针对个人投资者，我们通过 APP 功能，可实现从线上开户到投资，10 分钟以内就完成。同时，互联网的特色也体现在二级市场转让功能，让客户之间也实现连接。在实现更快更方便的体验同时，也不断引入新的功能，如好友推荐等，让客户的亲朋好友一同参与，分享在平台交易的乐趣。

而且，我们也很快会推动抵押功能的实现，客户可以不需要转让投资标的，而是用抵押方式获得资金，从而实现一个商品、多种服务。

客户来到我们平台上不仅仅可以进行投资或者融资，还可以享受到很多增值服务。比如，用户可以用他的积分兑换、竞拍一些产品或服务等。这些产品和服务并不只是让用户觉得能够得到一些小便宜，而是根据客户的特点特地筛选出的。我们希望能够通过这些增值服务，给客户带来更多价值，满足更多需求，提倡更健康、环保、积极的生活方式。这些也都是我们提高用户体验的尝试，今后这种尝试也会越来越多。

客户体验的不断提升是建立在保证安全的基础上的。客户在平台上进行投融资，如果安全无法保障，就没有人愿意到你平台上来，用户体验也就无从谈起。在保证安全的基础上，我们才致力于提高用户使用便捷性。平衡安全性和便利性是比较难的过程，但我们有一点非常明确，就是平台本身不碰钱，平台资金和客户资金完全分开，并且都是由有资质的第三方支付机构进行管理，这在机制上保证了用户资金的安全性。

在用户资料安全保障方面，陆金所收集信息的范围仅限于那些对了解客户的财务需求和开展业务所必需的相关资料，并对客户信息严格保密。

在安全技术保障方面，陆金所做了大量的投入。除了配备专门的人才外，我们还建立了多个机房，数据实时同步，多地灾备，可以保证客户及交易数据安全。网站平台上，我们使用了安全协议、128位加密以及数字签名等技术，拥有实时的资金监控系统，保证客户资金安全，而且引进了国际尖端的防攻击技术与信息安全防护体系。我们认为，在安全上花费再大力气都是非常必要的。而且，随着业务以及技术的不断发展，我们也在不断完善安全系统架构与技术。

如何利用好大数据将是平台竞争的关键点

课题组：您之前提到 P2P 网贷未来一定时间内 O2O 模式还是存在的，为什么？

计葵生：主要还是因为目前 P2P 行业征信比较困难。虽然 P2P 的理想状态是纯线上进行，但现阶段线下环节仍然不可或缺。现在 P2P 网贷最大的问题之一就是欺诈，让借款人必须通过线下审核能够尽可能减少欺诈发生。我们现在对借款人进行严格审核，借款人必须到线下门店验证。不过，P2P 网贷的交易环节必须要在线上完成，否则可能会引发一些风险。陆金所在投资人端以及交易撮合等，都已经完全在线上进行。

另外，现在包括我们，很多平台都在使用大数据。我认为，大数据未来会对 P2P 平台更加重要。大数据不仅仅能够帮助平台分析借款人信用，而且对平台降低运营成本也非常关键。如何利用好大数据，更好地进行信息整合、分析，将是互联网金融平台之间竞争的关键点之一。

互联网金融应该纳入到人民银行征信体系当中，这不仅能降低 P2P 网贷平台投资人风险，也能有效完善现在人民银行的征信数据。而且，互联网金融行业中的各企业也应该积极参与互联网信用体系建设，相互开放和分享相关数据，从而有利于整个行业的风险控制。我们非常愿意加入征信体系，参与行业合作。

平台的角色相当于"交易安排人"，并不参与交易

课题组：陆金所平台上还有机构投资者，机构投资者比个人实力强大，交易资金量也要大很多，收益也会随之大很多，这是不是也意味着风险大很多，风险控制更难做？

计葵生：我们的对公业务针对的是企业和机构投资者，面向的是特定的服务对象，仅向注册认证的会员机构提供金融资产交易相关信息发布、浏览和咨询服务。我们通过专业的人才和金融产品结构化设计以及咨询服务优势，为信托公司、基金公司等金融机构提供定制化的信息咨询服务，比如风险建模、产品设计建议，或者是一些专项业务培训咨询服务等。

陆金所其实对交易双方都进行一个筛选的过程，会考察这一机构过去在风控上的表现如何、是否较好地控制呆账，或者投资机构是否有管理风险的能力。机构相对个人实力强大，他们的专业性和风险承受能力都比个人投资者要强许多，从某些方面来说，他们可能比我们更专业。所以，我们对公业务，最重要的是让资产透明，向投资者揭示风险，再借助我们平台让双方交流沟通，提供专业的信息与咨询顾问等服务。陆金所在交易过

程中的角色相当于交易安排人，交易安排人对促成交易非常重要，但陆金所本身并不参与交易。

在跨境业务上会展现优势

课题组：陆金所资产评级是陆金所自己做的还是采用了专业评级机构服务？

计葵生：都有，需要根据具体的项目情况来看。因为第三方的专业评级机构做一次评级成本可能需要几十万元，如果仅仅是一些小的项目，请第三方评级机构对交易双方来说可能成本就过高，对双方来说都增加了负担。而我们陆金所在提供的专业咨询服务当中也有这样的团队和功能，我们会提供一个衡量方式，说明这个资产的真实状况怎样，风险是什么。相对来说，我们提供的这项服务会比第三方的专业评级机构成本低，而且一些小的项目本身也不会特别复杂，这样可以降低融资成本。

对于比较分散的、小规模的、可利用大数据的资产，如P2P，我们一定会用自己的评级功能。现在我们已经有自己的评级工具，而且我们也计划未来在市场上共享这一功能。但对于一些资产本身已经很大的项目，则会由独立的第三方评级机构来进行评级。

课题组：如今在上海，随着自贸区的推进和"沪港通"的运行，对于陆金所的发展方向和业务范围，乃至未来地域上的拓展，您觉得可以看到的契机是什么？

计葵生：自贸区和"沪港通"会给我们带来两方面机会：一是国内投资者通过互联网平台可投资国外商品，实现更多投资选择；二是国外的合格投资者通过我们的平台，可以买到人民币的非标资产。当然这也取决于人民币国际化的落实进程速度。目前香港、澳门和台湾地区的人们已经可以在我们Lufax平台进行投资。我相信以上两方面将是我们未来的重要发展方向。

现在中国投资海外市场的趋势非常明显，随着人民币国际化的进程加快，在这方面预计会有比较大的机会。对陆金所来说，一方面是我们本身就是基于互联网的平台，可以非常便利地让境内或者境外的人参与；另一方面，陆金所的团队非常国际化，熟悉国内外的投资环境，所以我们在做这些跨境业务上会具有一定的优势。

撰文/课题组

清果金服何珊：
中国网贷承载诉求，应寻求多样发展

互联网与金融结合之后，加上大数据的支撑，为金融行业带来了前所未有的机遇和挑战。中国先锋集团 CMO、清果金服董事长何珊对课题组表示，中国网贷爆发式增长的根源，是中国在很长一段时间内存在金融抑制，传统金融机构、企业以及一些互联网板块都对网贷这一新事物寄托了很多不同诉求。

回顾互联网金融在中国产生的原因，何珊分析说，第一是经济发展给传统融资带来挑战，我国融资体系是主银行体系加抵押品的融资体系，这就给我们留下了一个巨大的服务空间，就是没有抵押品的借款人，或者说是"二八规则"中的百分之八十的客户；第二是互联网的普及奠定了用户基础；第三是小微企业融资需求刺激了互联网金融的发展；第四是利率管制为互联网金融企业提供了盈利空间；第五就是大数据和云计算技术革命改变了传统的融资方式。

互联网金融带来的改变

金融本质上是以资金为代表的资源跨时间和空间的配置，而互联网技术本身是信息的传递、展示、归集以及二次解读。何珊分析说，互联网对于传统金融有四大优势：第一是数据基础网，快速降低了信息不对称；第二是依托流量和用户量，使得边际成本很低，谈判能力很强，收益率也有所提高；第三，传播成本低，服务费用比较低；第四，用户体验好，产品和服务的便利性非常强。

何珊说，在四大优势的结合下，互联网金融在传统金融的基础上有三大改变。

第一，客户资源的快速分享和开发。中国的金融体系是以银行为主的金融体系，大家普遍在讲银行的"二八规则"，就是百分之八十的资源服务了百分之二十的优质大客户。这不仅仅是能力和意愿的问题，更大是出于成本的考虑，在既定的前期投入和人力成本的条件下，开发那百分之八十的客户并不是明智的。但是在互联网金融的背景下，使得服务那百分之八十客户的成本大幅降低，从而在商业上变得可行，也具有可持续性。

第二，盈利基础的分成。对于商业银行传统上来说，借贷利差就是银行的一个盈利区间，互联网金融提高了投资者的议价能力，也就产生了盈利基础的再分成。

第三，风险定价优势的提升。互联网的出现使信息变得更加全面和透明，比如当互联网出现之后，由于信息共享，黑名单制度的建立，对于防范借款人"跑路"具有很强的约束力，对风险定价优势有很大的提升。另一方面，未来的趋势是，投资者用钱投票，来进行风险的自主定价，对于现在的信贷定价方式是一个更加全新的突破，这需要整个信贷流程的再造。

中国宽口径网贷是怎么做到的

Lending Club 上市引发众人关注，可是为什么它只做到了这样的规模，而在中国网贷动辄就能做到在它的后面加上一个零呢？

何珊分析说，美国互联网金融发展是和美国金融改革是相互依存的，美国金融改革有两个方面：第一是利率市场化和自由化，第二是打破分业经营。"后来不仅传统金融在进行互联网化，一些新的金融创新像众筹、网贷也在不断兴起。Lending Club 其实有两个使命，第一个是我们看到的网络借贷，第二个是为投资者建立信用，为他们搭建通往更大借贷市场的通道。可以看到美国的互联网金融层次感和细分程度要比中国细得多。"

"美国的网贷就是一个窄口径的 Peer to Peer，而中国的网贷为什么会这么多样化，可谓百花齐放、百家争鸣、一日千里。"何珊说，究其原因就是中国在很长一段时间存在金融抑制，传统金融机构有自己的发展诉求，想跨区域发展，企业有自己的发展诉求，想突破无押品放贷，而一些互联网板块也希望通过这个方式进入这个领域。有太多的诉求，但是大家都只有这一个机会口：网贷，所以就是在这样的一个新生的事物上承载了太多的诉求，每个人根据自己的诉求形成了不同的成长方向，因此中国的网贷突破了窄口径的 Peer to Peer，产生了比较宽的发展。

何珊将中美互联网金融的差异总结为以下五点：

第一是行业差距。美国主要通过四大板块：科技、教育、军事、医疗，每个板块都已经是竞争相对充分，如果没有一个很大的利差和发展前景，互联网金融企业就不会轻易进入；但在中国，实际上这四个板块都是相对垄断的，竞争非常不充分，这就给了一个信息充分竞争和发展的可能。

第二是利率水平的差异。美国金融危机后长期保持 1%～2% 的利率水平，而我国在 8% 左右 GDP 增长率的背景下，基本无风险利率水平非常高，像 2014 年上海银行间同业拆借利率甚至一度到达过 4%～5%，这使得企业的融资成本非常高。

第三是社会保障制度下家庭理财习惯不同。美国的后顾之忧少一些，而中国则不一样，无论是教育、养老、医疗，都需要自己去耕耘，所以中国有一个更强大的市场需求。

第四是法规监管的差异。

第五是金融市场完备度和投资渠道多样化的差异。

在这些因素的合力作用下，中国的互联网金融产生了非常多的结合方向。

着力供应链金融

何珊介绍，旗下网贷平台主要做的细分板块是：供应链金融。"一是核心企业安排其上下游企业进行供应链金融，包括提供会员管理、财务管理、供应链整体的信息管理；二是上游企业应收账款融资和订单性融资；三是对下游企业进行经销商融资和商品质押融资。"

在业务上，旗下网贷平台采用网上借贷、网下放款、人机结合的方式。"电脑实际上是一个科学的信贷评价体系，我们会对商户进行信用评估，还有具有十几年信贷经验的人员进行第二轮的风险把关。"

大数据的未来展望

大数据和云计算技术革命改变了传统的融资方式，基于这一点考虑，清果金服也准备将大数据运用到营销。

据何珊介绍，旗下网贷平台开发了一套系统，交易数据采用了全新的编码方式，可以进行复杂和深层次的数据分析。在客户行为分析上可以实现很好的应用，降低客户的营销成本，同时也可以在定价上进行一定的尝试。随着中国信用征信制度的完善，在不久的未来，大数据的分析一定可以发挥其"用武之地"。

采/写　课题组　王强

翼龙贷赵洋：
服务农户，开拓 **P2P** 普惠之路

基于服务人群的特征，不同 P2P 平台对其商业模式进行了积极探索。翼龙贷的客群集中在农户。针对客群中互联网渗透率相对较低的情况，翼龙贷采用了渠道下沉、上门服务的思维模式，打破了原有放贷界限，更广泛地锁定了目标群体。

在投资渠道相对单一，投资产品相对匮乏，中小企业及个人融资难度不断加大的背景下，P2P 网贷平台应运而生，既丰富了城市居民投资者的投资渠道，也为有融资需求的人提供了新的融资渠道。而翼龙贷专注于服务农村居民的定位，帮助了更多农户打破生产生活的资源界限，更好地实现了普惠金融理念。

平台特色明显　探索多样商业模式

直接透明、灵活高效、风险分散、门槛低、渠道成本低是 P2P 平台的一般特点。出借人与借款人直接生成个人间的电子借贷合同，互相了解对方的身份信息、信用信息等，出借人及时获知借款人的还款进度；平台本身可基于自身采集和从网络挖掘的大数据，相对快速地完成资金供求双方的借贷交易；出借人将资金分散给多个借款对象，同时提供小额度贷款，有效降低了投资风险。

基于服务人群的特征，不同 P2P 平台对其商业模式进行了积极探索，目前比较常见的模式有以下六种：以拍拍贷为代表的纯平台模式、以宜信

为代表的债权转让模式、以开鑫贷为代表的担保模式、以翼龙贷模式为代表的同城贷模式、以陆金所为代表的混业经营模式以及以人人贷为代表的O2O模式。

专注农户客群定位　严把风控推广普惠金融

翼龙贷总经理兼联合创始人赵洋介绍说，翼龙贷作为温州金融改革试点单位，接受政府的监管，严格恪守"平台服务决不经手客户资金"、"同城借贷"、"小额、无担保"三大原则。其中，同城借贷的风控模式通过入户尽调、多层级风控以及计提风险准备金的方式有效筛查和管理风险；纯线上的交易模式有效实现了业务人员和资金流的分离；第三方支付和监管备案帮助及时披露信息。

翼龙贷的客群集中在农户，针对客群中互联网渗透率相对较低的情况，采用渠道下沉、上门服务的思维模式，打破了原有放贷界限，更广泛地锁定了目标群体。同时，建立完整的贷前家访、评估审核、贷后管理的风控模式与多层次、全方位的金融风险控制体系，为平台的稳健运行提供了有力支撑。

赵洋尤其强调线下团队入户调查的必要性。"在目前的条件下，用户信息不透明，银行流水及其他与信贷相关的信息，无法通过网络查询到，小微企业和农户亦缺少相应指标进行信用衡量。这样就必须进行入户调查，甚至让借款人到银行打出流水证明。"尽管这样成本会比较高，却可以保障借款环境的良性循环，同时也能够培养借款人的信誉观。

行业乱象丛生　加强监管是关键

近年来，国内 P2P 公司风险事件接连爆发。"导致 P2P 平台经营困难的诸多因素中，交易量泡沫化、期限错配存在陷阱、平台水土不服、业务模式和范围不清晰是最常见的。"赵洋说，"秒标"、"天标"可能成为违法分子圈钱套利的"工具"；超短期标的中标率高、流转速度快，但由于缺乏有效监管，很难验证其内容和期限的真实性；由于中国信用环境并不完善，纯线上 P2P 业务发展比较缓慢，不少 P2P 平台业务逐渐向线下转移，对于资金的来源及运用方式还存在很多不透明地带。

由此，赵洋表示，行业内部对于出台具体的监管标准，以规范行业发展方向和发展模式尤为期待。

采/写　课题组　肖瑶

开鑫贷周治翰：
国资背景 **P2P** 生态圈是如何打造的

以开鑫贷为核心的江苏省网贷模式与其他省市的 P2P 模式大有不同，既反映了当地文化特征带来的独特地域性，也呈现了可供其他 P2P 平台借鉴的先进理念，同时预示了我国网络借贷平台未来趋于规范化发展的方向。

开鑫贷是国内最早的"国家队"和"银行系"P2P 平台，成立于 2012 年。由国家开发银行和江苏省政府共同发起，具体由国家开发银行全资子公司——国开金融有限责任公司和江苏金融办监管的国有控股企业——江苏金农股份有限公司共同出资设立。

"国资和政府背景是开鑫贷的一个相当大的优势。"开鑫贷副总经理周治翰说，其带给平台最有力的竞争力是公信力，其坚实的后盾也赋予平台一定的安全感。作为国有及银行背景的网贷平台，在同一类型中，开鑫贷目前的交易量仅次于平安陆金所，且运行两年来未发生一笔逾期。

开展云服务　打造生态圈

开鑫贷股东江苏金农公司多年投身于小额信贷行业。2010 年，江苏金农建立了小贷后台管理系统，"就像银行和它的分支机构，"开鑫贷副总经理周治翰介绍说，形成"江苏小额信贷行业综合云服务平台"，把全省 623 家小贷公司全部接入。国家开发银行江苏省分行不仅直接为小贷公司提供转贷款，还创新了统贷模式，即由国家开发银行将信贷资金投放江苏金农公司，后者再以委托贷款的形式贷款给小贷公司推荐的小微企业客户。这样一来，银行给小贷公司贷款，还能随时了解业务状况进行监管。在此基础上，开鑫贷以国有准公益性社会金融服务平台的形态逐渐发展起来。

目前，依托"大数据"和"云计算"，开鑫贷及其股东金农公司已与江苏省小贷公司形成了一个生态圈，并对其开展有效帮助和管理。周治翰说，生态圈的运作基于行业培训、系统支持、业务创新和行业规范四个部分。

金农公司专门定期开设对省内小贷公司的各类公益性培训，截至目前共设立 150 多班次，培训 12000 人次。

系统支持涵盖整个江苏小贷云服务平台，包括信贷管理、财务核算以及行业监管。

互联网金融离不开创新，小贷公司需要一个的强大平台给予业务创新的支持。江苏允许小贷公司之间进行资金调剂、开应付款保函、可向银行统贷助贷，还可做融资性担保和保险代理等，并提供协助和指导。

同时，江苏省金融办制定了自己的行业规范和评级体系，联同县市金融办，对体系内的小贷公司进行评级监管和审查，如有小贷公司违规或不合规合法，将采取处罚机制暂停其创新业务。

五层风控圈

周治翰介绍，江苏小额信贷行业综合云服务平台为整个生态圈量身打造了从内到外的五层风控圈，彰显了控制风险的专业性。

五层风控圈，是从小贷公司准入开鑫贷平台到交易额度、利率直到交易结束整个过程环环相扣的风控系统。从里到外从始至终，要通过五个步骤的控制：第一，小贷公司要达到江苏省优质（A＋级）小贷公司准入门槛并经省金融办备案；第二，接受小贷公司开鑫贷业务担保总额控制；第三，借款项目由小贷公司全额本息担保；第四，小贷公司主发起人承担连带担保责任；第五，具备健全的风险准备金制度与风险资金池。

在目前的风控系统基础上，周治翰还表示，开鑫贷正在与江苏金创再担保公司进行合作，对小贷平台的健康发展再纳入一层防护，"小贷公司出现逾期或坏账问题，其风险也不会涉及开鑫贷平台。"

P2P 行业应去中心化

以开鑫贷为核心的江苏省网贷模式与其他省市的 P2P 模式大有不同，既反映了当地文化特征带来的独特地域性，也呈现了可供其他 P2P 平台借鉴的先进理念，同时预示了我国网贷平台未来发展的一个方向。

"平台的建立的最关键在于公信力，对行业的理解力和经验需要多年的积累，其表现在对风险的防范以及对资源的整合，后者离不开紧密的合作，齐心协力避免逆向选择和道德风险。"周治翰说，总体来说一套健全的信息系统和激励约束机制能规范平台秩序，开鑫贷的生态圈做到了这一点。

周治翰同时表示，互联网金融应该去中心化，专注专业，为细分人员和行业提供独特性和有针对性的服务。

国内 P2P 需要量力而行

几个关乎行业发展的重要问题，周治翰认为，首先是行业规则问题。相关机构应尽早明确一些概念，比如红线的尺度、资金池的定义，以及如何定义非法集资等。其次是自律。自我约束力尤为重要，但是各平台如何做到并由谁来监督，值得各界人士思考；最重要的是风控能力。

平台必须注意信用风险和操作风险，确保声誉安全，做到足够的信息安全，建立保护投资人的安全系统，以及合理合规的流程设计。不管 P2P 是信用中介还是信息中介，我国 P2P 需要量力而行，稳步前行。

采/写　课题组　王艺潼

好贷网张静钦：
优质借款人决定 P2P 成败

缺乏优质借款人愈发成为制约 P2P 行业发展的关键因素。好贷网联合创始人张静钦表示，获取优质借款人可通过以下几种途径：建立独有的资质标准和风控体系，挖掘风险可控客户；大力推广面向优质借款人的低息产品，降低融资成本；建立覆盖面广且线上＋线下结合的获客体系。

据网贷之家的数据，截至 2014 年 8 月，网贷行业投资人数突破 50 万人，环比增速达到 28.40%，但借款人数增长缓慢，刚刚突破 9 万人，环比增速仅 2.43%。好贷网联合创始人张静钦表示，缺乏优质借款人已成为制约 P2P 行业发展的关键因素，是否拥有持续且规模化的吸引—获取—甄别—粘住优质借款人群体的能力，日益成为 P2P 平台最重要的核心竞争力之一。

借款端常被忽视，平台易入高风险模式

张静钦称，目前很多中小 P2P 平台可能走入这样一个误区：将绝大多数资源和精力放在了如何吸引投资端上，而忽视了对借款端的体系培养和潜心耕耘。

随着竞争加剧，一些 P2P 平台需要用不断高涨的回报率拉动投资端，这又使得平台借款利率不断拉高。而优质借款人会认为，自己条件那么好应该从更低利率渠道比如银行获得借款。这就导致愿意来 P2P 平台借款的人，往往是那些不那么优质的借款人，或者是一部分因急需用钱而不会计

较利息的人。这样循环的最终结果，就是让 P2P 平台不自觉地走入了一个风险很高的模式：用高息吸引投资人→用高息放款→相当部分的借款人是那些不得不支付高息的人→后期风险。

拓展优质借款人的途径

P2P 的真实状况是夹缝生存：上有银行，与银行相比，P2P 在品牌公信力和融资成本上都不占优势；下有中介或民间融资渠道，与其相比，P2P 在速度、额度、灵活性等方面也不占优势。张静钦表示，对于 P2P 来说，拓展优质借款人，无外乎以下几个途径：

一是建立独有的资质标准和风控体系，挖掘风险可控客户。愿意为高利息买单的，往往都是资质有瑕疵的群体，或者说是达不到银行信审标准的群体。但是，达不到银行信审标准，就是非优质客户吗？如何从"瑕疵"客户中挖出风险其实可控的客户？这需要建立平台独有的资质标准和风控体系，重新定义什么是自己平台的优质借款人。"很多平台都在积极研发启用一些非征信数据或软性数据作为放款参考条件，比如朋友贷或亲友贷等。"

二是大力推广面向优质借款人的低息产品，降低融资成本。优质借款人对于融资成本非常敏感，如果 P2P 平台不能实现融资成本显著下降，优质借款人缺乏的情况会一直持续。

张静钦表示，现在一些大的 P2P 平台也在大力推广面向优质借款人的低息产品，比如宜人贷，一方面通过大力度的品牌推广扩大品牌知名度，让普通人在有贷款需求时能够自然想到它，另一方面通过互联网技术手段，完全实现在线批款，有效降低线下成本，使平台产品能与市场最受欢迎的银行产品有 PK 的资本。

三是建立覆盖面广且线上＋线下结合的获客体系。线下有大量的优质借款人，关键是如何用一些创新的方式把他们从线下引到线上。百度 2013 年开始做信贷垂直搜索业务时是与好贷独家合作的，当时百度给出了一个统计数据，预估中国所有的信贷订单中来自线上的能占到 10%，其实根据好贷的估计，该值还要更低，来自线上的信贷订单只占到总体的 5% 左右，也就是 95% 的订单仍在线下。

"但该比例将会快速改变，"张静钦说，P2P 将会付诸更多努力将线下订单搬到线上。2014 年有 P2P 开始与一些线下行业，比如餐饮行业、烟草行业等开展行业融资解决方案合作。

采/写　课题组　马文霄

网利宝赵润龙：
深耕细分领域，以投行思维做 P2P 平台

在研究项目时，深入到项目的行业中去，网利宝 CEO 赵润龙称之为"深耕细分"，"以投行眼光挖掘细分领域机会、创新业务模式；用互联网思维深耕细分领域，用股权投资的标准做 P2P 项目风控，根据细分领域业务模式制定风控准则，打造细分领域核心信贷生态圈，真正地从源头控制项目风险。"

对 P2P 而言，市场上高收益项目的形成可能有两种情况：一是企业资质欠佳，贷款手续不全，这类项目往往银行判断风险过高不愿意做；二是企业经营良好，但银行对抵押物无法估值处置，银行现有模式不能做，只能找民间资本。

"前者收益高、风险也高；后者收益高，但风险未必高。"网利宝 CEO 赵润龙表示，后者的问题是融资渠道少。例如二手车、红木、珠宝、房屋等，银行无法对抵押物估值。但是，这些资产确实具有稳定价值及高流通性，只要在所有权明晰、抵押物货值稳定、保险风控措施得当、回购方能收购变现等基础上，这类抵押物价值充足的项目反而风险较低。

以业务模式为基础进行风控

在研究项目时，网利宝不会简单地就项目论项目，而是深入到项目的行业中去，赵润龙称之为"深耕细分"。"我们的团队会深入到一个行业的生态链中，去真正关心细分领域和企业的商业模式，去真正关心借款企业稳定的收入及还款来源，去真正支持有良好商业模式和拥有清晰商业逻辑的管理团队。"

在风控方面，平台从了解行业开始，研究行业规律和业务模式、分析发展前景、收入预期、盈利能力等关键指标，再根据其独有的行业商业模式设计出最适合其行业的，也是真正最能够实际把控风险的风控模型。

以投资银行、股权投资的眼光去看待一个企业和行业，带来的是在深耕一个细分领域和对这个细分领域核心企业尽职调查的同时，会不断发现这个核心企业或行业生态圈的企业借款或个人借款需求。而由于业务模式把控得好，借款方的现金流，即第一还款来源足够强，风险远远低于一般不以业务模式为基础而仅仅以抵押物为基础的项目风险。

P2P 平台的四个安全保障

赵润龙表示，对于 P2P 来说，保障平台和投资者的安全要做到以下四点：

第一，应坚持"不搞资金池、不碰投资人资金"。

第二，建议引入第三方机构代偿机制。如果借款方违约，则处置抵押物变现，并由国内领先的小贷公司、担保公司进行代偿。网利宝即如此保障平台项目的安全。

第三，平台先行赔付。规范的 P2P，其运营平台应与担保方、借款人彼此相互独立。在与小贷公司及担保公司等第三方项目对接时，都会提取一定的风险准备金，当第三方代偿机构出现逾期时，从风险备付金中及时兑付投资者本息。

第四，实名认证信息统一。客户手机号码、姓名、身份证号码、银行卡户名均需一一对应。以网利宝为例，如果客户手机遗失，登录密码破解，取款也只能取款至本人银行卡账户；同时全网站采取 256 位加密，确保客户信息安全。

"防范风险，根本上还要从业务模式出发。"赵润龙表示，一个借款企业，或一个借款人，真正的还款来源离不开一个健康稳定的业务模式，健康的业务模式就像是一栋大厦的地基，地基不稳固，大厦就有崩塌的危险。

采/写　课题组　王艺潼

点融网郭宇航：
大数据风控看上去很虚幻

目前，点融网 80% 的风控方式还是传统的风控模式。其共同创始人、联合 CEO 郭宇航认为，所谓的大数据，现在还没有完全跑完一个业务周期，模型还没有得到验证，现在来说还比较虚幻。

从前期来说，P2P 企业在初创时期最艰难的是成熟风控团队的搭建和磨合。点融网 2012 年成立，2013 年网站上线，目前最长的产品周期是 24 个月，已拥有 60 多个具有 3 到 8 年不等的风控实务经验的专业团队成员。

"但是这就有一个问题，由于过分关注坏账率这一指标，我们前期的业务进度非常缓慢。"点融网共同创始人、联合 CEO 郭宇航表示，审批通过率一度只有百分之十几，而其他 P2P 公司，通过率平均可达 40%。

"我们对小微企业的风险监控很严密，没有像其他一些网贷公司那样大量地跟第三方担保机构合作，通过谋求第三方兜底的方式来迅速扩张自己的业务。"郭宇航说，目前点融网已经实现了月放贷额过亿元，但是行业比较来看，速度还是很慢。

郭宇航介绍，点融网在这一轮募资时，花费了 100 万美元聘请第三方机构进行尽职调查，出具审计报告、法律报告等，并聘请国际咨询公司进行了一整套反洗钱的流程设计。"这些内容在行业内还是比较先进的，也不是所有 P2P 公司现在就会着手去做的。"

技术驱动、服务小微、直接撮合

点融网的业务模式可以概括为：坚持技术驱动、服务小微、直接撮合。

1. 业务结构：消费信贷为主

点融网目前的业务以消费信贷为主，主要是笔均4万～5万元的消费信贷，还有一部分（大概30%）是笔均五六十万元的企业贷款。

"这样一个业务结构蹒跚学步，"郭宇航说，点融网的业务团队刚刚开始成熟并接地气了，更关注于组合的构建而不是单纯的对个案进行审查。

2. 盈利模式：两端收费

点融网的盈利模式是两端收费，收取投资人利息的10%，收取个人借款人一次性审贷费用的5%～7%，月账户管理费3‰；收取企业借款人一次性审贷费用2%～3%，月账户管理费2‰。

3. 资金结算：呼吁"另类"第三方支付牌照

对于资金结算方式，点融网也用了财付通等第三方支付。"但我们没有采取每个人去第三方支付开立小账户的方式。"郭宇航表示，有两大顾虑：第一，第三方支付公司随时有可能成为你的竞争对手；第二，迁移成本很高。

"事实上我们现在有技术支持的电子钱包系统，除了一张第三方支付牌照之外，所做的事情与第三方支付也没有什么区别。"郭宇航说，我们呼吁监管方可以对我们这种技术进行审核，只要我们这套技术平台符合第三方支付的技术要求，而且不对外提供服务，只服务于自己的投融资平台，那么希望可以给我们这种合理模式一个允许或者说是类似的牌照，即业务范围受局限的第三方支付牌照。这样既能够保证P2P平台的良好运营，又能够避免P2P和第三方之间貌合神离的合作方式。

零成本回购、团产品、传统风控

1. 诉讼保障：零成本回购

点融网的业务主要分为三方面的服务：贷前审核、贷中管理、贷后催收，这三点在业务合同中都有充分体现。点融网有一个胜诉的案例在业界比较有影响力："零成本回购"模式，即事先与投资人约定好，如果贷款发生违约，这部分债券暂时自动转为平台所有。

"这样的好处是，我们可以代替几百个投资人进行诉讼，否则几百个投资人要一起应对法院的各项事务，几乎是不可能的事情。"郭宇航说，诉讼过后追得的违约金、罚金等扣除诉讼费用，全部按比例返还给投资者，其实就是相当于一个诉讼权的转移。最后追得的违约金和罚金大致相当于投资本金的50%。这个模式已经得到了法院的认可，因为这是一个利于投资人的模式。

"即便是针对中小和小微企业，我们对其贷款时的名义借款人仍然是企业的最终控制人，由最终控制人的企业来做担保。"郭宇航说，这种模式的好处就是，避免了因企业有限责任而带来的逃避还款风险，对于个人的这笔贷款是终身追责的。

2. 风控特色：团产品的设定

团产品的设定，就是一种自动分散化投资者资金的设定方式。比如有1000个借款人，整体借款金额是1000万元，一个借款人投了500元进来，瞬间就把这500元分散到那1000个借款人那里去。等于是借了每个人5毛钱。这就是充分分散化的投资，而且借款人的电子合同上写的就是借了每个人5毛钱，也做到了一一对应，而并不是简单地先做资金池然后再进行分散化的操作。

郭宇航表示，这种业务模式对于技术的要求是很高的，点融网由于做了团产品的业务，一小时并发的交易量达到了百万级。

"但是这样做好处坏处都有，总体来说就是原来表现好的账户和表现差的账户之间的收益率趋同了。绝大多数的客户体验做好了，但是投资乐趣没有了。"郭宇航说，所以平台之后打算做投资人的分级，如果是普通的投资人，那就可以选择其团产品，年化收益率为7%～9%，如果是比较专业的投资人，平台也可以有散标供选择。这可能是未来的趋势。

"监管层一方面想要打破刚性兑付，另一方面也怕打破刚性兑付之后会出现群体性事件。"郭宇航说，"可能这个投资人分级的模式对于这两方面都有一定的兼顾，我认为，从目前来看，P2P是打破刚性兑付的同时又降低实际无风险收益率的最好方式。"

3. 技术：追求实质性创新

郭宇航表示，从整体上来讲，所有的产品设计、客户体验的改善、商业模式的调整，我们都是先看技术能否达到，技术能做到的再去进行尝试，而不仅仅是简单地把所谓的线下的融资搬到线上去，这样没有实质性的创新。如果一个技术或商业模式不能够降低实际的融资成本，那这样的创新是意义不大的，只会增加交易量而已。

郭宇航认为，未来能够支持一家 P2P 公司走得远的因素，第一，技术必须非常强，能够提高效率、降低成本；第二，产品必须合规；第三，风控必须完善；第四，资金结算必须安全；第五，信息披露完整透明。这几点也是监管层所需要监管的事情，剩下的要给 P2P 公司一定的空间，让它们有创新的可能。

4. 大数据风控的弱势

目前，点融网 80% 的风控方式还是传统的风控模式。郭宇航认为，所谓的大数据，现在还没有完全跑完一个业务周期，模型还没有得到验证，也没有做修正，所以也只能说作为吹嘘的一个亮点罢了。

大数据在美国的运用都是在摸索中，郭宇航 2013 年在 Lending Club 考察了半个月，主要观察了他们运用大数据的风控。"Lending Club 现在已经运用了社交媒体的数据，但他们自己也坦承，这样的数据在用于反欺诈方面有一定的效果，但是对于风控评级来说，其作用微乎其微。"郭宇航说，所以大数据风控现在来说还是比较虚幻的。

采/写　课题组　马文霄　王强

人人聚财许建文：
P2P 风控本地化最有效

金融公司在跨区域业务的扩张中，获客容易，风控难。人人聚财 CEO 许建文表示，本地化风控是当下最有效的风控，尤其是做小微金融。"所以，我们与本地化的小型信贷机构合作，让真正拥有风险定价能力的机构或人去做风险定价。"

开发业务、风控体系和撮合交易构成了金融的三大流程，"开发业务也就是获取贷款客户；风控，叫审核贷款客户；撮合交易是获取贷款所需资金，也就是理财。"人人聚财 CEO 许建文称之为"金融生态链"。

许建文说，所有的金融产品都可以参照金融生态链，看自身在哪个环节上更有优势。传统的金融行业基本上是三大业务流程通吃，而且全部在线下。互联网出现以后，很多业务可以在线上进行。互联网金融，就是通过互联网提升传统金融链条上的每一个环节，使原来的金融体系得以改进。

比如，美国互联网足够发达、信用体系和评估体系足够发达，对线上客户的认知度足够高，所以，从获客、风控到获取资金，全部在线上进行。这就是 Lending Club 模式。

中国 P2P 生态链分析

在中国，互联网金融在金融生态链的哪些环节上有优势呢？

许建文分析称，首先在开发业务上有成本优势。目前，线上获客的趋势已愈发明显。对 P2P 来说，如何从线上更高效、更低成本、更精准地获客，已经成为一个很重要的命题。

表1　　　　　　　　　　　　P2P 生态链分析

生态链 模式	开发业务	风控体系	撮合交易
线上	纯线上开发	大数据风控	线上撮合 资金分割
O2O	自主开发 第三方合作	门店收集，总部审批 终端审核，风控落地 合作机构把控	线下面谈 签署协议 线下交易

其次在撮合交易环节也有优势。以余额宝为例，它将门店成本省下来，让渡给老百姓理财，实现了从线上获取资金，这实质是互联网金融对传统金融的替代，是对效率的提升和对生产力的促进。

以上两个环节是最适合互联网化的。

风控环节也可以互联网化，但在中国成功的只有一家，就是阿里小贷。为什么美国 P2P 公司大多采用大数据风控，而在中国却寥寥无几？原因是数据风控需要解决两个问题：一是掌握客户风险定价的数据，二是掌握客户的还款意愿。美国征信体系完备，掌握以上数据不成问题。

而在中国，首先数据本身是割裂、不完整的；其次没有第三方征信机构对个人做风险评级、打分，阿里之所以能做数据风控，是因为它是一个商业生态系统，掌握了所有客户的交易数据；最后没有惩罚机制，不像美国有"黑名单"，但阿里有"差评"机制，相当于掌握了整个商业生态系统的法治规则。

软性信息成为风险定价核心

对于中国绝大部分小微信贷而言，谁掌握了对客户的风险定价和惩罚机制呢？许建文表示，本土化机构非常有优势。

人人聚财的很多合作机构来自地级市或者县城。"一个人借三五万元钱时，风险定价的标准不是这个人有多少财产，而是他的软性信息，比如人品、社会关系等，这已成为风险定价的核心。"许建文说。那么，谁掌握了这些软性信息？主要是和借款人比较熟悉的人。"银行不可能了解每个借款人的软性信息，而本地化在此处成为了优势。"

本地化在惩罚机制方面也显现出优势。城市的贷款机构对一个处于偏远地区的小微借款人的逾期催收效果肯定不会太好。但可以通过当地人、了解你人品的人来解决还款问题。这也可以叫作约束或惩罚机制。

"其实做小微金融，本地化是解决当下中国信贷行业风控的核心问题。"许建文说，"但是本地化的信贷机构有自身的不足，所以要为其提供资金和风控体系建设。这样，掌握本地化的软性信息，再结合专业化的风控手段，它便有非常强的优势。"

当然，如果做的是大客户，应把财务或对产业环境的分析作为风控的核心标准，这是完全不一样的。

采/写　课题组　李琳琳

中科院刘颖：
互联网数据应在 **P2P** 评级中有所作为

在 P2P 评级中，对于金融属性和互联网属性的考量都很重要，传统金融属性指标具有一定延迟性；互联网数据具有大样本、实时、客观等优点，可以提炼出一些反映 P2P 平台最新变化和潜在客户群趋势的互联网属性指标。互联网属性指标可作为金融属性指标的有益补充，增强 P2P 评级的系统性和时效性。

P2P 是金融与互联网融合的产物，既具有金融市场的严谨性，又具有互联网市场变化快、用户分散等特点。在 P2P 评级中，如何权衡金融属性和互联网属性的指标？

"这两类指标的侧重点不同，"中国科学院大学管理学院刘颖表示，互联网属性关注用户数量、用户体验、客户价值、转化率和粘性等指标，但缺乏对金融风险的度量；金融属性则如美国 CAMELS 评级体系的套路，通过资本充足率、资产质量、管理质量、盈利等指标进行评级。

"这两类属性的关系，相当于一个产品通过互联网分销的方式去接触客户。"刘颖表示，"金融属性是产品的基础，在风控完善的条件下，互联网属性是产品的传播放大器和销售渠道。"

传统金融属性指标使用中的注意事项

传统金融属性指标大多通过调查法获取数据，调查数据具有一定的统计延迟性，指标反映的是 P2P 平台过去一段时间的经营状况，难以有效捕捉当前市场的最新变化，在某些情况下不能充分反映 P2P 平台的滞后风险。比如坏账率低的平台不一定是好平台。"坏账率等于坏账资产量除以资产总量，P2P 平台降低坏账率既可以通过减少分子——坏账资产来达成，也可以通过增大分母——资产总量来实现。若是不断增加资产总量，那么新增资产的风险往往会滞后显现出来。所以这些风险指标需要进一步细化。"

"成交量低的平台也不一定不好。"刘颖说，有的平台可能特别谨慎，就是要做优质的产品，成交量也许不是特别高。

互联网属性指标反映潜在客户群趋势

刘颖表示，P2P 评级中应加入互联网属性的指标。"它可以实时刻画 P2P 平台的最新动向，反映其潜在客户群趋势。"具体可分为两个维度：

一是程度指标，如搜索关注度、微博的讨论度、某专业投资论坛的讨论度、发表帖子数等。但它只是一个强弱的概念，没有方向性。

二是倾向性指标，如客户对 P2P 平台的口碑和评价，这需要通过语义分析、情绪挖掘、观点发现来获得。

"互联网数据指标的优点是大样本、及时、客观。"刘颖表示，在 P2P 评级中，可以从网民产生的大数据中挖掘出一些有价值的指标。比如输入陆金所，可以看到它从 2012 年以来呈现出关注度持续上涨的态势。进一步分析，可以把陆金所相关的搜索者及它所关心的一些画像描述出来（见图 3）。

"这些都可以作为评级的参考。"刘颖说，还有一些倾向性指标，例如百度知道的问答、金融论坛的发帖、微博里的口碑等。很多网民及潜在投资者在这些平台上进行互动，把这些互动数据积攒下来，通过数据挖掘和量化分析方法可以形成普遍性、时效性更强的评价指标。

刘颖说："对 P2P 的评级一定要考虑整体宏观经济和行业走势，而互联网数据分析也可以应用到一些典型的经济、行业指标预测中，比如我们与百度合作开发的百度中小企业景气指数，可以实时反映不同地区、行业的中小企业发展状况，比传统经济指标具有 3 个月的先导周期。由于 P2P 所

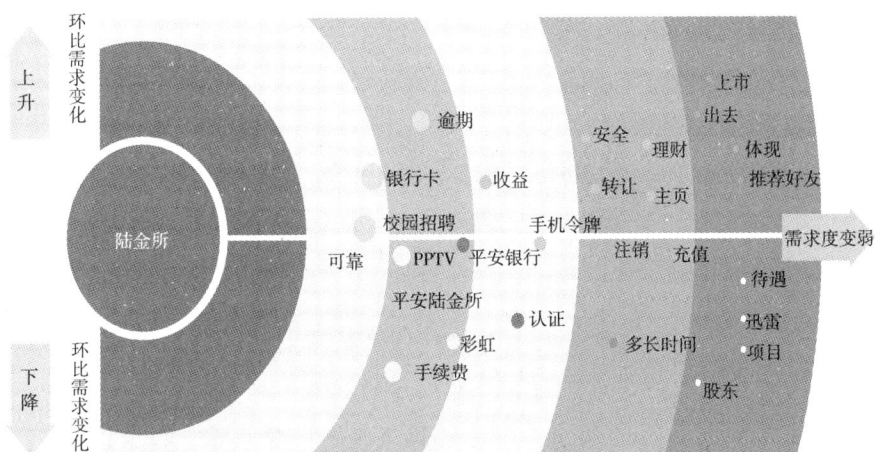

图3　陆金所的搜索画像

涉及的参与方都是中小企业或散户个人，这些互联网数据的分析方法和研究成果也可以为 P2P 评级中的行业走势判断提供参考。"

采/写　课题组　马文霄　李琳琳

易通贷康文、何益增：
信息披露，自律先行

易通贷是国内率先制定并执行信息披露制度的网贷机构。信息披露制度其一是为了保证借贷双方的利益，平台向投资人披露借款人部分必要的信息，包括借款项目、借款期限、担保措施，使投资人通过披露的信息作出判断，决定项目的可投资性，同时保护借款人隐私；其二是为了规范平台的运作，也契合了监管的政策要求。

易通贷是国内首创产融结合模式的 P2P 平台，在产融结合模式下，易通贷将借款方锁定在国内新兴产业下的优质企业，首席风控官何益增表示："如何把投资人的闲散资金引导到实体产业里面去，是这种模式关注的重点。"

易通贷锁定的新兴产业包括新能源、医疗科技、文化创意和环保等有发展潜力、对国民经济有帮助的产业，回避产能过剩和高污染行业，比如钢铁、水泥、造纸、煤炭等。

产融结合下的借贷模式和风控类型也均与传统模式存在一定差异。产融结合模式 P2P 与传统 P2P 在借贷模式上的不同主要体现在两个方面：第一是借款对象，在产融结合模式 P2P 交易里，投资者的资金流向了企业和产业；第二，产融结合模式下，企业的还款能力和意愿相较于个人更加稳定，但担保措施也需更有力。关于安全性，何益增表示："中国民间借贷有法律限制，企业不能直接借钱给企业，一般通过委托贷款形式，所以平台两端都是自然人，风控都不可轻视。"

信息披露分级制

"互联网金融的实质是金融，与传统金融一样都是资金的流通，把社会的资金引导到创业的人或者企业中去。金融之所以存在很多年，正因为坚持风险的控制。"易通贷首席风控官何益增强调，P2P更不例外，平台运营控制好风险，做到稳健，行业自然不会出大问题。因此对P2P平台来说，信息披露制度极有必要。

易通贷的信息披露分为七层：第一层向监管机构披露；第二层披露给行业协会；第三层对象则是平台的投资者保护委员会；第四层在平台开放日时，也会披露一部分信息给参观访问的投资人；第五层是向投资人及第三方机构考察来访的信息披露；第六层是在网站上适当公布信息；第七层是针对媒体。同时，易通贷对信息披露整个内部的流程有详细的规划，由对口的不同部门去管理相关工作，以及信息的搜集。

"去担保"尚需时日

就P2P应以何种形式存在的问题，首席风控官何益增指出，无论如何运营，关键都是风险的控制，其归根究底在于征信体系的完善程度。

中国没有完备的征信体系，做不到不经过抵押、不提供担保就能贷到资金，因为纯平台风险难以控制。目前主流做法有担保和抵押，平台去担保是未来的一个趋势，项目去担保需要更长时间，其前提都是征信体系的保障。

为提高征信水平，易通贷已与上海资信签订合作协议。何益增说："优质的借款人和项目是平台生存的基础，而优质的借款需要通过征信系统的检验。"

P2P需软法治理

易通贷首席运营官康文提出，P2P应做到维稳发展，软法治理，柔性管理。"P2P做的是合法业务，并不需要出台强制法律或硬性管理规定，唯一要遵循的就是行业自律。"互联网金融能够构成新的资本市场，创造新的融资方式，以分散整个社会的资金和金融风险。基于这种创新背景，太严苛的规章制度弊大于利，以行业自律约束自己，这样才能真正健康发展，也就实现了软法治理、柔性管理。

康文表示，P2P 行业在未来 3 年到 5 年间将回归理性，在监管落地后，行业将在健康有序的环境中获得更大发展空间。在当前野蛮生长期间，易通贷作为行业实践者，将坚持自律，完善信息披露，坚持平台居间服务的性质。

采/写　课题组　王艺潼　潘炜

爱钱帮王吉涛：
P2P 评级谁说了算

> 一个评级体系定位于不同的目的和不同的对象，会有不同的评价标准，满足的需求也不尽相同。从评级体系可持续性的角度考虑，评级体系必须要有一定的科学性、实用性和灵活性，评级过程必须要保持独立性和非商业性，此外为了维持评级机构的正常运转，还必须有稳定可靠的资金来源。

评级是一种基础金融中介服务，其目的在于对评级对象的信用风险进行评价。爱钱帮 CEO 王吉涛对课题组表示，一个评级体系定位于不同的目的和不同的对象，会有不同的评价标准，比如穆迪和标准普尔服务的对象及满足的需求就不尽相同。

评级须先定立场：监管部门、投资者抑或借款人

从监管部门及地方主管部门的角度考虑，评级体系更应关注 P2P 平台是否安全合规和稳健，是否有可能引发当地区域性的金融风险。"相关监管部门面对网贷行业的高速发展变化和 P2P 平台运作模式的千差万别，意图进行监管并引导，却不知该如何操作。"王吉涛说，因此，定位于监管部门及地方主管部门的评级体系，其着眼点应在于安全合规和规避金融风险。

但是这种评级角度的选择，与 P2P 着重用户体验和产品创新的诉求并不相符，甚至相悖。"因此，平台在运营过程中，需要在各方的边界条件下寻找一种平衡，必须在满足监管准则的基础上谋求创新。"王吉涛表示。

"从投资者的角度考虑，评级体系更应关注风险和收益。"王吉涛说，

目前 P2P 平台间存在风险相同但收益相异的"怪象"。投资者希望获得风险和收益的普遍均衡，因此，评级体系应着重从风险和收益的角度考虑。

从借款人的角度考虑，借款人希望通过评级体系来选择更稳健的 P2P 平台进行融资，从而评级体系应更多满足借款人的需求。

"评级体系的存在，主要是起到对 P2P 平台的增信作用，并对平台进行规范。"王吉涛说，"P2P 平台在运作过程中倾向于将客户作为第一考虑对象，监管部门作为第二考虑对象，同时力求两者兼顾。"

评级体系长期运行的关键：公信力、实用性、科学方法

评级机构及其评级体系能够存在并长期运营，首要依靠其公信力。王吉涛说，短期来看，发布机构要具有一定的影响力；而持续的公信力，则更多取决于评级体系的科学性；此外，过程的独立性和非商业性，以及体系本身能否经得起外界的干扰，都是评级机构及其评级体系能够长期稳定运行的重要因素。

从评级体系持续性的角度考虑，王吉涛认为，评级体系必须要有一定的实用性；同时，为了维持评级机构的正常运转，必须要有稳定可靠的资金来源，还要根据实际情况及时对评级体系进行调整。

在评级方法上，王吉涛主张，就现状考虑，应以定性为主。"以定量为主存在诸多弊端：首先，定量指标的科学性难以检验，不易达成业界共识；定量数据难以获取，P2P 平台对评级机构的回应不太积极，而通过抓取和报送，则很难获得可信赖的数据。"

王吉涛表示，为了做好定性分析，评级机构需更多地进行访谈，以获取定性资料，并确保参与评级人员的专业性和稳定性，同时注重评级体系的流程化和系统化，尽量公开化，以打消相关疑虑。

采/写　课题组　马文霄　李晨

信用宝涂志云：
互联网重构金融，大数据重塑信用

"中国极强大的市场需求和目前落后的征信体系所形成的反差，迫使我们利用科技和大数据的力量在征信与信用管理领域进行一次真正的创新。"信用宝 CEO 涂志云说，在征信管理领域，中国有可能用未来 10 年的时间走完美国过去 30 年的路。

2015 年 1 月，中国人民银行发布了《关于做好个人征信业务准备工作的通知》，要求芝麻信用、腾讯征信和深圳前海征信等 8 家机构做好个人征信业务的准备工作，正式开启了个人征信业务的市场化时代，而其中的网络征信尤引人关注。

征信与评分体系在国外已有几十年的历史，对个人、企业和资产证券化评级与评分比较顺畅，在中国却显得有些艰难。

"没有客观、公开、稳定的数据，对 P2P 做评级是很难的。"信用宝 CEO 涂志云说，首先，获得真实数据就很困难，很多 P2P 公司的数据都有问题。其次，评分是基于数据的，如果数据分散在很多数据源里，也无法作出评分。然而给一笔贷款作出评分是有可能的，可能性在于原始数据的可获得性。此外，国内 P2P 公司普遍成立时间较短，也难以获得稳定的数据。

征信体系的中美差距

美国征信管理的相关法律有几十部，中国仅有一个条例。美国的 FICO 统治了个人评分 30 多年，现在依然是行业标准。FICO 存在的原因得到了市场的验证，购买者是金融机构，他们用了 FICO 的数据，评分的准确度就会提高。FICO 每一个评分代表一个坏账率，没有坏账率，评分就没法做。资产包形成以后可以用 FICO 评分评估资产包的质量，就可以对资产包进行定价。

"2000 年之前，FICO 的数据被机构采购的比较多；2000 年之后，消费者开始采购。"涂志云分析说，消费者采购的原因是消费者想知道自己 FICO 的评分是多少，评分的变动会影响消费信贷的利息、购买保险的价格等。美国、中国香港、中国的信用法律及信用管理体系比较见图 4。

	主要的消费信用相关法律	消费信用管理机构/公司
美国	● 《公平信用报告法案》 ● 《公平信用机会法案》	● 非常完善的三大信用局： Trans Union、Equifax、Experian
中国香港	● 《个人数据保护法案》	● 较为完美的信用局： Trans Union Information Services
中国	● 中国人民银行1999年《关于开展个人消费信贷的指导意见》 ● 2013年3月15日《征信业管理条例》正式发布实施	● 初步的地区性信用局： ◇ 中国人民银行征信中心 ◇ 上海资信 ◇ 鹏元、国政通、安融惠众

图 4　美国、中国香港、中国的信用法律及信用管理体系比较

中国征信和评分存在的问题

中国目前在征信和评分方面存在一些问题。涂志云表示，一是中国各地差异较大，标准不统一，且数据分散在不同机构里。这需要很长时间才能统一，形成市场可以接受的产品。中国人民银行推出相关的产品，也需要得到市场的验证，最终需要有人买单才行。中国的市场机会很大，但是中国的金融数据较少，社交数据较多。二是数据开放问题。中国人民银行征信中心的数据还只开放给金融机构，大量的民营和互联网金融企业无法直接获得相关征信报告。中国人民银行征信中心作为国家的征信中心，数据如果不开放，其价值则会大打折扣。另外，民间数据对银行不开放，对银行也是个损失。银行只知道银行体系内的相关数据，银行体系之外的则看不到。三是数据加工问题。人民银行征信中心数据的预测变量可能达到500个，关键的几十个变量是很有价值的。如果不开放报告，只开放变量，数据如何进行加工也是个未知数。即使评分体系已经建立，中国很多机构还不知道如何使用这个评分。使用好信用评分是需要策略的，需要解决人才和相关平台的问题等。

"互联网重构金融，大数据重塑信用。"涂志云说，中国极强大的市场需求和目前落后的征信体系的反差，迫使我们利用科技和大数据的力量在征信与信用管理领域进行一次真正的创新。在征信管理领域，中国有可能用未来10年的时间走完美国过去30年的路。

采/写　课题组　潘炜

金信网安丹方：
P2P 企业自发探索行业标准

金信网在 P2P 行业中率先提出风控、法律、技术、结算、合作、服务六大行业标准，并予推广。"首先要让监管层知道有 P2P 企业在做这样一个标准；其次是充分发挥行业平台的作用。"金信网 COO 安丹方表示，"在互联网时代，我们应该崇尚分享。把平台做大，把行业做大，大家就都能从中获益。"

金信网隶属于金信财富网络科技（北京）有限公司，创立于 2013 年，注册资本金 1 亿元人民币，是专注于互联网金融服务的专业平台。

金信网自成立以来，坚持摸索行业标准、平台标准，目前已经探索提出风控、法律、技术、结算、合作、服务六大标准。对于为什么坚持做这样一个标准，金信网 COO 安丹方表示，一是 P2P 行业还不规范，亟需一个行业标准来帮助行业健康发展；二是监管层人员、精力有限，无法深入 P2P 行业内部了解真实的行业情况，所以金信决定探索一套行业标准并愿意与同行分享。

风控标准：传统风控"土办法"的魔力

金信的风控标准主要构成要素由三重风控审核、29 道风控工序、10 大类别 50 项信用审核资料构成，基本覆盖了资金从出借人到借款人再返回给出借人的全过程，其中有一些传统的"土办法"是商业银行力所不能及也不屑于用的，但对于 P2P 公司来说却是极为实用。

"土办法"之一：随机抽取借款人手机中 50 个联系人的联系方式，以防备借款人出现违约或失联情况之需。

"土办法"之二：随时抽访。金信网在每个有业务延伸的城市，分别安排 9 个负责合规的工作人员，配合当地工作。

"土办法"之三：暗中察言观色配合回马枪暗访，识破各类骗局。

这些土办法特别适用于目前国情下的小微金融运营，但这同时也体现了中国民间征信体系的建立刻不容缓。目前 P2P 风控最难突破的就是国内征信体系的建立，如果有一套信息共享的民间征信体系，P2P 公司的运营成本都会大幅降低。

金信六大行业标准

如何有效判断平台风险、如何甄别平台是否靠谱，是投资者极为关心的问题。为此，安丹方给出了最简便的方法：看平台注册资本，注册资本越高，抗风险的能力就会相应越强。同时她还表示，P2P 行业从风控、法律、技术等投入成本的角度讲，必须有一个最低的准入标准，所以 5000 万元注册资本是合适的，2000 万元是必需的，否则根本无法控制风险。

对于服务标准，安丹方强调，金信网将"专业、规范、及时、优质、便捷"作为五大服务标准。例如其中的一项为：所有来电均在 3 秒内接起，客服邮箱、在线及微信咨询 1 分钟给予回复，电话平均通话时间短于 180 秒。金信此举意在尽力使所有问题争取三分钟内解决，避免客户失去耐心，同时也保证了工作效率。

除了服务，金信网在风控、结算、法律、技术和合作等方面也制定了专业的行业标准。其中，结算标准规定通过第三方支付平台托管资金，保证投资人的提现在 1 ~ 3 个工作日到账，借款人的款项当日放款；而法律标准以严格守法为基准，公司法务部与合作律师事务所两道关口并行，对日常对外合同、内部合规性以及法律支持与服务三大类 10 大模块进行四重复合；技术标准由五大技术安全标准、五大管理安全标准组成；合作标准则具备四大评估指标，要求合作者满足：大机构、大团队、大系统和大口碑。

对于如何推广金信标准，安丹方认为，首先要让监管层知道有 P2P 企业在做这样一个标准，取得它们的关注；其次是充分发挥行业平台的作用。为此，金信加入了如中关村联盟这样的联盟和行业协会，将金信标准贡献给协会的所有成员，不论成员成立时间、规模大小。

安丹方表示："在互联网时代，我们应该崇尚分享。把平台做大，把行业做大，大家就都能从中获益。"

采/写　课题组　王艺潼　王强

网贷之家马骏：
大数据告诉你什么是好平台

如何甄别 P2P 平台？网贷之家设计了一套"用数据说话"的评分体系，一级指标有 9 个，分别为成交积分、营收积分、人气积分、收益积分、杠杆积分、流动性、分散度、透明度和品牌。

据网贷之家《2014 年 P2P 网络借贷行业发展报告》，2013 年，我国网络借贷平台成交量达 1058 亿元，同比增长 399%。2014 年，则每月平均增加 10.29%，2014 年初至 11 月网络借贷成交量已达到 2157.4 亿元。网贷之家首席研究官马骏表示，依此趋势，2014 年 P2P 行业总成交量有望突破 2500 亿元。

与此同时，截至 2013 年，我国网络借贷平台贷款余额达 268 亿元，同比增长 378%；2014 年每月平均增加 11.25%，预计 2014 年底将超 1000 亿元，除去银行存款，相比其他成熟的固定收益市场，网贷行业的规模仍然十分微小。

对于市场关心的行业利率，网贷之家统计显示，2014 年自 3 月以来，网贷行业利率呈持续下跌趋势，平均下降速度为 59 个基点（1 基点 = 0.01%），目前主流平台利率多为 15%～20%，预计 2014 年底网贷行业利率将徘徊在 16% 上下。

鄂湘桂问题平台发生率最高

据《2014 年 P2P 网络借贷行业发展报告》，随着"倒闭潮"的洗牌和监管的趋近，2014 年正常运营平台增长速度有所减缓，每月平均增长

5.76%，预计 2014 年底运营平台将达 1600 家。

报告显示，2014 年初至 11 月，广东、浙江、北京、上海的平台成交量位居全国前四位，此四地运营平台数量最多，占全国 60% 以上；山东、四川、湖北等地网络借贷行业快速发展。然而，平台越多的省份，问题平台所占比例越高，广东、浙江、上海问题平台数居首，分别为 56 家、47 家和 28 家；湖北、湖南、广西问题平台发生率位居前三位，分别高达 35.29%、29.55% 和 27.27%。

在 2014 年至今的 184 家问题平台中，诈骗、"跑路"类问题平台占 57%。马骏分析说，究其原因，年底行业兑付压力较大、经营不善类（提现困难、暂停运营）问题显著增加。

民营系仍占主导，国资背景平台加速布局

2013 年平台的平均注册资本为 1357 万元，相比较，2014 年新上线平台注册资本大幅上升，其新上线平台注册资金多集中在 1000 万 ~ 3000 万元，占比达 59%；超过 1 亿元的平台有 40 余家。因此，2014 年新注册平台资金平均为 2784 万元，同比 2013 年增长迅速。

据统计，在所有平台中，民营系平台仍占据网络借贷行业主导地位，11 月的统计中，民营系平台占比达到 71.18%，风投系居第二位，占比 16.36%；上市公司、国资背景平台成交量占比相对较低，其中，继江苏银行和宁波银行上线 P2P 产品后，齐商银行旗下"齐乐融融 E"上线，银行系平台已增至 10 家；另外，像开鑫贷此类国资系平台也在加速发展，11 月已达到 14 家。不难看出，我国网络借贷市场，正规军正在加速行业布局，平台背景将实现多元化。

如何甄选好平台

投资者如何选择投资平台？网贷之家设计了一套"用数据说话"的评分体系，对 P2P 平台进行打分，每月更新一次。"我们的初衷，就是为投资者在做网贷投资的时候提供参考。"马骏说。

据介绍，网贷之家的评分标准有门槛条件，有以下任一情形的不列入评级库：

1. 平台上连续（3 天内）出现 3 个及以上借款标的综合年化利率 ≥ 36% 的；

2. 3 个月内平台综合年化利率 ≥ 30% 且月成交量 ≥ 1 亿元的；

3. 单个借款人平均借款金额 ≥（注册资金、风险准备金、0.5×自身担保公司注册资金）三者最大值的；

4. 单月投资人数 < 100 人的；

5. 单月借款人数 < 10 人的；

6. 单月时间加权成交 < 2000/万元 × 月的；

7. 上线 3 个月以内的；

8. 无法获取详细、明确的成交数据及平台信息的；

9. 3 个月内有重大诚信问题的。

"设立门槛，有助于过滤掉一些存在运营风险的平台。"马骏说。

网贷之家采用分组线性打分法，即建立 100 家以上平台数据的评级库；各项一级指标、二级指标在 0 到 100 分范围内打分，无及格分数线；定量指标，先取对数，然后标准化打分；定性指标，设置哑变量，给予 0 到 1 的打分判定；从有益于投资人的角度划分，有正向指标和反向指标，如收益为正向指标，杠杆为反向指标。

在权重确定方面，网贷之家采用层次分析法：先建立一级指标和二级指标间隶属的树状层次结构；两两比较，通过专家打分，构造判断矩阵；进行判断矩阵的一致性检验；将符合一致性的判断矩阵归一化，最后计算出权重。

高分平台的重要影响因素

网贷之家 P2P 综合指数包括成交积分（10%）、营收积分（10%）、人气积分（16%）、收益积分（4%）、杠杆积分（8%）、流动性（5%）、分散度（15%）、透明度（14%）和品牌（18%）九个一级指标，其下还有若干个二三级指标。

指标中有侧重金融属性的指标也有侧重互联网属性的指标。"在权重的制定上，会夹杂一些主观因素。"马骏表示："一个现实的困难是，美国的 FICO 评级体系中有'坏账率'、'逾期率'等重要指标作为衡量平台的核心数据，但在我国这些数据是无法获取的，绝大多数 P2P 平台不会公布或者公布的数据不真实。因此，在网贷之家的评分体系中，对这些无法获取或者数据真实性有待考量的指标，只能暂不列入体系或降低其权重。类似的指标还有'杠杆'，尽管杠杆很重要，但由于无法获取真实准确的数据，因此设置的权重也会较低一些。"

"相比之下，互联网属性的指标就会相对多一些，比如人气（16%）、品牌（18%），权重也会相对高一些。"马骏说："考虑到现实情况，我们增加了一个地域杠杆。2014 年以来，在三四线城市出现了成交量很高的平台，投资者担忧小城市的经济体量能否支撑如此庞大的一个平台，因此我们就增加了这样一个指标。"

现在市场上比较有影响力、比较知名的 P2P 平台，其成功之处未必在于风控和实力，可能是因为在互联网属性上占优势——网络人气高、品牌有吸引力等。马骏表示："我们观察到的市场状况是这样，随着市场形势的变化，我们设置的权重也会相应变化。"

"中国强大的市场需求和目前落后的征信体系的反差，要求我们利用科技和大数据的力量在征信与信用管理领域进行创新。"马骏说，在过去一年中，我们不断地增加考虑的指标，将定性的指标量化，将无法获取的数据从其他侧面考量，用数据说话，尽可能全面、客观地描述平台的整体情况。

采/写　课题组　王艺潼　胡雨婷　马文霄

百度百付宝章政华：
移动时代将迎来生态竞争

　　"移动支付的到来需要看到的是生态建设，而移动时代的竞争则是生态的竞争"。百度百付宝总经理章政华说，移动时代服务的特征是向下放射状分散，百度在移动端让搜索提供一个入口，让人类接触到了生活里的每一个场景，百度钱包再提供支付服务。

　　作为全球搜索领域的巨头，百度公司在移动互联网时代带给消费者怎样的移动生活体验？

　　需要给远方的亲人跨行跨省转账，百度钱包"超级转账"功能会提供独有的零手续费免网银 U 盾的瞬间支付；

　　网游及手机充值也不在话下，并可享有"全网最低价充值"，同时"积分抵现"在个人钱包，作为会员权益参加各类活动；

　　开车外出与朋友聚餐，等红灯时无意发现巴士海报上心仪的物品，只需拿出手机拍下来，百度钱包"拍照付"会运用图像识别，直接搜索到可靠商家，下单付款，简单易行；

　　到达餐厅，完全不用担心停车问题，手机百度早已成功"抢下车位"，同时百度钱包也按照用户要求预订了座位和完成点餐，最后"刷脸支付"将通过头像与语音口令即可完成餐后付款。

　　在以百度钱包为重要组成部分的百度移动生态圈，每个人都会拥有一个量身打造的私人助理，人们的日常需求、旅游及理财都能被百度"一站式"服务。

百度钱包背后的移动生态建设

每天拥有超过 6 亿搜索请求的百度，搜索是基因，是决胜关键。用搜索的理念做 O2O，百度钱包希望完成"搜索用户"与"消费用户"的"一键转换"，这实质上就是从"PC 时代"到"移动时代"的转变。"PC 时代"看搜索，百度像一位老师，建立了人与信息的链接，"移动时代"解决的是更细节的东西，最终带给人类的是电子化的服务体系。

移动时代服务的特征是向下放射状分散，百度在移动端让搜索提供一个入口，让人类接触到了生活里的每一个场景，百度钱包再提供支付服务。

不难看出，移动时代很难做到运用一个单纯的 App 去完成所有不同的需求，而百度力争做到的是建立"轻应用开放平台"。轻应用是"无需下载、即搜即用"的全功能 App，此平台带用户体验 Native App 和 Web App 的完美结合，然后快速"破壳检索，智能分发"，有效解决优质应用和服务与移动用户需求对接的问题，"订阅推送，个性提醒"为客户量身定做个人贴身助理，并融合"云端一体"打造各种高科技炫酷效果，从而达到"手机百度＋轻应用＋百度钱包＝一站式"全部体验的综合服务。

"移动支付的到来需要看到的是生态建设，而移动时代的竞争则是生态的竞争。"百度百付宝总经理章政华说，"在移动互联网时代，支付是一种能力，伴随着用户需求而产生。百度钱包把用户需求精准嫁接到支付能力上，让用户随时随地得到服务，解决用户需求；并带着用户的需求对接到商户，为商家带来流量和客流，这是移动支付的新生态模式，更适合行业发展。"

从"百度一下，你就知道"到"百度一下，你就得到"，即搜即得，百度在创造一种新需求或改变一种需求，这无疑是一个引导。

百度对互联网金融的新突破

互联网金融在 BAT 三巨头竞争中也是炙手可热，随着收益的降低，"宝宝类"基金产品需要新的突破。

2014 年 7 月，百度钱包旗下"百度金融中心"联合中证指数公司、广发基金在上海发布了中证百度百发策略 100 指数（简称百发 100 指数），被业界称为目前国内真正利用大数据挖掘技术开发的首只互联网金融产品，"是互联网与金融在权益投资领域的第一次跨界合作，打破了互联网金融的'天花板'，让互联网企业真正参与到了权益类投资产品的开发和设计环节"。

致力于打造互联网金融新格局，百度不仅尝试并创造了成绩，活期产品"百赚"、"百赚利滚利"和定期产品"百发"以稳健和高收益赢得业内好评；而且坚持创新，持续突破，2014 年 9 月，百度发布了"百发有戏"，从电影众筹项目发力互联网众筹，这是百度涉及融资范畴的重要一步，也是百度深入互联网金融布局的关键一步。

采/写　课题组　王艺潼

拍拍贷陈平平：
适度监管支持互联网金融创新

互联网金融，特别是 P2P 网络借贷，完善的风险控制无疑是行业健康发展的第一先决条件，同时行业规范性和软性监管也刻不容缓。拍拍贷副总裁陈平平表示，对传统金融从头管到尾的"审慎监管"可能不适用于互联网金融的监管思路，切实摸索出网贷行业最合适的监管模式，才能在规范行业发展的同时鼓励实质创新。

上海拍拍贷金融信息服务有限公司成立于 2007 年 6 月，位于国际金融中心上海，是中国第一家 P2P（个人对个人）网络信用借贷平台，也是坚持用纯线上模式服务小微，践行普惠金融的平台。2014 年底，拍拍贷注册用户已超过 450 万人。

拍拍贷副总裁陈平平表示，拍拍贷致力于用先进的理念和创新的技术建立一个安全、高效、诚信、透明的互联网金融平台，解决信息不对称问题，通过互联网公开透明的特性让民间借贷阳光化、规范化，让借款人改善生产生活，让投资人增加投资渠道。她相信，随着互联网的发展和中国征信体系的健全，先进的理念和创新的技术将给民间借贷带来历史性的变革。

风险控制离不开互联网技术创新和大数据

无论是传统金融，还是互联网金融，完善的风险控制无疑是行业健康发展的第一先决条件。陈平平介绍，拍拍贷通过技术创新来解决风险管控和其成本问题。拍拍贷拥有独创的高效低成本运营系统，其创建了自己的"信贷工厂"，确保用户审批流程高度自助和自动化，平台每天可以处理超过 5000 个借款申请，并且平均每三天对现有的流程和产品进行一次优化升级。

在确保低成本的模式下，拍拍贷已建立了高效准确的征信体系。因为目标借款用户主要是互联网用户，拍拍贷通过扩展互联网上的数据维度来评判借款人的信用状况，并且平台的信用模型每周都会更新一次，这也体现了拍拍贷作为大数据公司的本质特征。

同时，为了保障数据的真实性，安全可靠的欺诈检测体系必不可少。拍拍贷将传统金融理念与互联网技术相结合，实现业务系统、风控引擎、风控数据中心和监控中心四大部门进行缜密合作。第一步，业务系统将个人消费、网上经营、小微企业和个体户贷款信息发布给风控引擎层，再按行业规则和黑白名单进行信息过滤；第二步，风控数据中心依靠技术对过滤后的信息进行实时数据和定时数据分析；第三步，作为管理者的监控中心将整个交互过程中的数据进行整合分析，以保障台内的风险事件监控、风控规则管理和黑白名单管理等。

七年多的发展中，拍拍贷将通过不同途径收集到第三方的数据信息，包括用户个人信息、政府机构的信息比如征信局、互联网上的碎片信息、社交网络的信用信息，以及拍拍贷交易系统记录的信用信息，通过拍拍贷信用评级算法和欺诈检测，创建了自己的信用评级系统，信用数据的积累未来除为自身业务服务外，也有望能为其他商业应用提供服务。

适度监管有助于 P2P 规范化和创新化

拍拍贷副总裁陈平平引用了近期相关机构统计的两个数据表达了自己的看法。第一，根据西南财经大学尹志超教授对"中国家庭消费金融行为分析"的研究结论，2014 中国民间借贷市场规模是 8.2 万亿元。"偌大的民间借贷市场信息和风险均不透明，而互联网具有公开透明的特性，假设我们能借此通过 P2P 平台将借贷信息变成公开透明可查询的信息，将不公开信息阳光化规范化，这可以成为民间借贷市场进步的一个方向。"陈平平说。

第二，据清华大学刘鹰教授的研究，2012 年，美国 20 位员工以下的雇员企业占全美企业总数的 90%，同时美国的企业密度（企业密度指每千人中企业数量）为 89.8，中国的为 40.1；然而，美国的金融密度（金融密度指金融保险企业占全社会所有企业的比例）为每百家中 3.6 家，中国的则为每百家中 0.04 家。中小企业是美国经济的脊梁骨，中小企业是未来促进一个国家经济的主要力量之一。陈平平说，中小企业的发展需要金融服务的支持，而我们国家的中小企业长期以来面临着"融资难、融资贵"的问题。我国的金融市场还有很大的发展空间，金融分层服务需要继续下沉，互联网金融、P2P 网络借贷可以通过降低成本、提高效率的方式更好地服务和支持中小企业的发展。

对于 P2P 网贷，业内人士对监管层的政策支持和呼吁声一直很强烈，观点也各有不同。陈平平表示，业内代表一直呼吁监管层可以制定出一个底线式或负面清单式的管理模式，这样"有下限无上限"的监管思路既能控制"劣币"的进入，也能给 P2P 企业足够的创新和发展空间。对传统金融从头管到尾的"审慎监管"可能不适用于互联网金融行业，根据互联网金融的业务实质，分类监管，逐级监管；同时根据行业和技术发展进行信息化的监管方式创新，适时、适度地进行监管，将更有利于互联网金融行业的发展，更有利于普惠金融的推进。

采/写　课题组　王艺潼

信而富王征宇：
P2P 逾期率指标"漂亮数据"不能揭示真实风险

对于投资者来说，风险水平和逾期率都是选择 P2P 平台的重要指标。很多 P2P 平台都在竭力追求低风险水平和逾期率以吸引投资者。然而，国内尚未有统一的逾期率计算口径和风险水平衡量标准。在这种情况下得出的"漂亮"数据，可能并不能揭示出 P2P 平台的真实风险水平。

信而富（CRF）总部设在上海，借款端有七十多家分公司，基本分布在三四线城市，财富管理公司有四家。资金流向是从北京、上海、南京、深圳等到三四线城市。

信而富的业务特点是"小账户体系"，即投资人在自己指定的银行账户上，把资金划拨到以其个人名义开设的第三方账户。"这样做是为了保证资金的独立，"信而富 CEO 王征宇博士说："资金的流入和流出均经由第三方支付平台，交易过程中，资金流向与合同关系是一一对应的。"

王征宇有在美国从事消费信贷管理、负责控制信贷风险的职业经历。信而富公司带着明显的创始人印记，对整个中国 P2P 市场的风险特征看得比较重，对公司的风险控制能力也比较自信。

信而富信贷决策流程

信而富公司内部有一个策略开发的服务机制，设计有一个决策引擎系统。当申请表进入申请流程，就开始进行第三方数据的核查，在这个部分，线上线下是没有区别的。

"我们要求工作人员当面审核借款人所有证件的真实性，访问借款人的单位以及住址。这样我们可以对借款人的情况有全面的理解。"王征宇表示，在这一环节确实会花费很多成本，而之所以坚持这样做，是因为我们认为在目前的环境下，要做信用贷款首先要求信息具备真实性。电话呼叫、亲核亲访的做法给决策引擎提供了相当多的信息。在核查以后，我们就进入了分公司层面的审核。这是我们与纯线上的机构相比的特别之处。

据介绍，信而富曾经为国内某大型商业银行提供信贷决策，主要提供基于申请评分的自动审批体系，包括授信策略和额度策略，建立反欺诈规则，优化业务流程。利用该体系，该行审批通过率提高了 12.3%，风险调整后的收益率提高了 35%，同时，违约率降低了 2.48%。审批成本降低了 52.9%，同时，申请欺诈发生率降低了 33%。

逾期率计算尚不统一

目前，信而富的风险逾期率在 3% 上下浮动。美国 Lending Club 的风险数字是分别统计每个年份的放贷质量，计算逾期率的分母是该年份放贷的总金额，分子是该年份放贷的总金额中多少会出现风险。

"这种计算统计方法可以让我们看到真正的风险是什么。Lending Club 36 个月的水平在 12% 左右，这个水平意味着每年的风险大概在 4%，这个数字和美国信用卡的违约率持平，但 Lending Club 收的费率比信用卡低。"王征宇表示，跟 Lending Club 相比，信而富在 2011 年统计的是 12%，这是累计四年的数据，平均来说年均大约 3%。

但目前的问题是，P2P 平台的逾期率统计口径尚无统一标准。虽然中国小额信贷联盟 P2P 行业委员会发布的《个人对个人（P2P）小额信贷信息咨询服务机构行业自律公约》规定，逾期率的统计口径是"逾期 90 天以上的同账龄逾期率"，但一方面只有少数机构对外披露逾期率水平，另一方面由于统计口径不明，不能准确地揭示其风险状况。

当前很多企业对外宣称风险逾期率在 1% 以下。如此之低的逾期率可能有两个原因：一是平台开业时间很短，而借款合同都是 1 年期或以上的，风险还没有显现出来，逾期率自然就低；二是平台已经成立了 2 年以上，但由于统计口径不清晰，公布的逾期率为 0 或是在 1% 以下。

"我们认为，预估三年累计的风险损失至少应该在 12% 以上，如果低于 12%，并非是风险控制做得好，只可能是策略过于保守。"王征宇表示，风险水平不应该这样严格控制，这会导致很多借款人无法进入这个体系，业务规模受限。

"为什么这么说呢？中国的风险率显著高于美国，也高于信用卡费率，因为借款人实际支付的借款成本比美国的借款人成本高，基于风险定价的网络贷款，费率是应该比信用卡高的，才能承受更高的风险损失。"王征宇说，业界普遍倾向于低风险水平，不愿意公开真实的风险水平，但我们认为，风险控制的核心并非是风险水平的高低，还应该结合费率结构、业务定位来看。Lending Club 和 Prosper 要求披露的数据都很透明，中国的 P2P 业务规模、风险水平也应该透明公开。

统计口径的不同得出结果相差很大

王征宇表示，有风险并不是一件可怕的事情，但是行业没有统一的风险评估标准和口径，各家机构没有对外公开透明地发布风险逾期等信息才更危险。那么，逾期率的统计口径有什么不同呢？

实际上，平台真实逾期率的计算方式有很多差别。比如，不少平台都是按余额的统计方式来计算，逾期率的分母为历史以来所有放贷额。这意味着 P2P 公司只要不断扩大放贷规模，把分母做大，就能让逾期率看起来很低。在公布逾期率的时间点前，平台快速扩大客户，一下在分母上增加几百万元、几千万元，从而缩小最终逾期比率。

另一种方法是，只将已经逾期的应收部分除以全部本金，这一做法其实排除了极有可能逾期但还未逾期的部分，所呈现出来的结果当然好看很多。比如有客户已经逾期 5 个月，后续仍有 5 个月的欠款需要偿还，那么有些平台只会将已经逾期的 5 个月金额作为分子，而不考虑之后逾期可能，但实际上，未来逾期的可能性是极高的。

目前，业内采用统一风险指标"90 天以上逾期率"定期披露风险运营信息：在给定时间点，当前已经逾期 90 天以上的借款账户的未还剩余本金总额除以可能产生 90 + 逾期的累计合同总额。其分子的概念是，只要已经产生 90 天以上逾期，那么未还合同剩余本金总额都视为有逾期可能，而分母则将一些借款账龄时间很短的、绝对不可能产生 90 + 逾期的合同金额剔除在外（比如只在 2 天前借款，无论如何都不可能产生 90 天以上逾期）。

采/写　课题组　马文霄　胡雨婷

上海信息服务业行业协会李娟：
P2P 监管进程应考虑用户"教育"程度
及合格投资人培育周期

上海信息服务业行业协会副秘书长、上海市金融信息服务专业委员会秘书长李娟表示，监管的时间进程应考虑与用户教育程度以及合格投资人的培育周期相结合，在现阶段，应把监管进度适度放缓，让更多类型的 P2P 平台来推进用户教育的进程。

互联网金融发展到今天，不管在产品、技术，还是在营销模式上，上海都具有代表性。中国第一家 P2P 网络借贷平台——拍拍贷就诞生于上海，上海还拥有陆金所、信而富、点融网、保必贷等众多知名 P2P 公司。在上海信息服务业行业协会副秘书长、上海市金融信息服务专业委员会秘书长李娟看来，上海的 P2P 企业创新力和向心力都更强，传统金融的渗透也更加深入。

P2P 是民间借贷的一次自我革命

李娟表示："P2P 是民间借贷的一个范畴，是民间借贷借助互联网这个工具进行的一次技术能力和创新能力的提升。"现在很多正在发展的 P2P 企业经常会潜意识地自我灌输一个概念，即传统金融是"正规"金融，P2P 是"非正规"的。李娟指出这个措辞是不准确的，上海信息服务业行业协会也经常纠正业内人士给自己扣的"非正规"帽子。

在李娟看来，P2P 是民间借贷的一次自我革命，也是依靠互联网技术进行的一次"合法性"推动。"民间借贷历来存在，而且作为传统金融机构服务的补充，规模越来越庞大。P2P 的互联网基因，促进了借贷信息透明化，促使民间借贷走向'地上'，竞争的公开加速了利率市场化的进程，并推动了传统金融机构的改革。我们预测，它将会带动一个隐形行业的革命性颠覆。"

监管应与用户教育相结合

对于 P2P 监管，李娟认为，切入的时间点需适当斟酌。传统金融机构对于合格投资人的教育尚不完善，因此无论 P2P 类的创新金融愿不愿意承载"用户教育"这个历史使命，事实上这些都已经在这样做了。原因很简单，尽管很多 P2P 的坏账率披露出来其实并不高，但作为新兴产业，其风险更易受关注。

李娟表示，监管的时间进程应当与用户的教育程度相结合，以股市为例，从 20 世纪 90 年代初股市甫现，到现在"股市有风险，入市须谨慎"深入人心，其间也经历了二十多年无数券商股民的风险教育。现阶段，监管层不妨把进度略微放缓，让更多类型的 P2P 平台承担用户教育的责任，并在这个过程中自我提升抗风险能力。

P2P 行业标准化势在必行

据悉，上海信息服务业行业协会目前正在计划率先启动互联网金融几个细分领域的行业标准的制定，包括信息披露标准指引。协会将在上海的网贷联盟的专家委员会中先行召开闭门会议，行业标准的制定随之会在 2015 年内陆续展开。

同时，李娟表示，在金融办和经信委的指导下，行业协会也计划在上海的 P2P 平台中建立黑名单共享机制。上海行业组织将全力把信息披露平台搭建起来，扶持 P2P 平台健康发展，并加强行业自律。

上海 P2P 行业现状与前景

"目前各 P2P 平台交易额每年都在成倍增长，但上海信息服务业行业协会并不推崇平台过于追逐交易额的增长，而应把风控放在首位。"李娟说，2014 年 12 月底上海 11 家 P2P 平台中的陆金所、正大财富、信而富、点融网、诺诺镑客和拍拍贷的交易额数据已经超过 320 亿元，超出了上年交易额的三倍。

不过目前 P2P 的模式各异、发展阶段不同、创新更多，风控标准更是无法"一刀切"，因此协会的作用就在于设定一个行业整体目标，即告诉业界一个规范的方向，让企业在一个大的框架内去发展，大浪淘沙、优胜劣汰。

上海信息服务业行业协会一直积极鼓励 P2P 行业的健康发展，首先，呼吁传统金融业的从业人员能够充分理解和接受这一金融创新，并给予帮助和支持；其次，加强互联网金融人才的培养，比如积极与区县、院校、培训机构合作建设互联网金融人才基地。

"上海向来是一个有契约精神、务实创新精神的城市，而这正是 P2P 健康发展最重要的基础。"李娟说，在人才引进、技术和风控领域，行业协会都在不断营造良好的氛围，这个城市必将为中国互联网金融贡献一块发展最规范、最具前景的版图。

采/写　课题组　王艺潼　李琳琳

百度个人金融中心孟庆魁：
百度金融：客户更深次的金融需求
还未被真正挖掘

2013 年，中国互联网金融蓬勃发展，而百度作为国内最大的搜索引擎网站，在与传统金融机构合作的基础之上，开始面向大众推出多种互联网金融服务。在对大数据持续探索的过程中，百度已经在交通、健康、影视娱乐等多个领域取得了丰硕成果。大数据的成功经验，对于百度进入金融领域，重新定义传统金融模式的投融资关系、风险识别手段和信用定价标准，起到了巨大的作用。

以搜索引擎为支撑，让用户需求推动产品设计，互联网金融不仅可以作为传统金融机构销售产品的渠道，而且应该包括应用数据进行风险识别与信用定价。百度作为搜索引擎市场的引领者，对于信息流的获取范围与分析能力是无与伦比的。

百度每天需要响应超过 50 亿次的用户搜索需求，百度几乎承载了每一个互联网用户的需求数据、行为数据。极高的用户依赖度让百度成为最了解用户的互联网平台；海量的用户信息为百度提供了极富价值的大数据。依托这些大数据，百度金融团队在 2013 年下半年成功推出百度理财中心，致力于为用户提供个性化、定制化、最短路径、最优效益的互联网金融解决方案。

未来，百度金融会进一步充分利用百度作为互联网流量第一入口的优势，支撑起整个百度生态体系的金融服务。通过高效的内部协调和有效的优化改造，百度金融可以更好地解决传统金融行业面临的各类问题；面向个人投资者提供更有针对性的金融服务；利用账户沉淀资金、用户数据与需求，打造定制化金融工具，并且提供有益于市场的评价标准。

与传统金融机构积极合作，将资金和信息安全作为保障重点

百度金融在国家法律法规允许的范围内与传统金融机构展开合作。合作双方可以在各自的领域发挥专长和优势，百度凭借自身的专业性、技术性优势，能够洞悉不同行业、不同地域、不同时期的用户行为和发展趋势，这在很大程度上减少了在金融行业中一贯存在的信息不对称问题，让传统金融机构得以更好地承担融通资金的角色。

百度秉承简单可依赖的服务理念，以自身积累的专业和技术优势，保障系统和用户的资金和信息安全。在业务开展过程中，百度结合技术手段做到投资者适配、投资者教育及风险提示等工作，同时坚持不挪用资金，不承诺收益，不触碰非法集资等红线，坚守对用户的承诺，保障用户合法权益，为用户提供优质服务。

深入挖掘用户金融需求，做最好的互联网金融平台

百度金融相信客户更深次的金融需求还未被真正挖掘出来，资金的流动不会只停留在货币基金层面。百度金融目前已经开始布局权益类、非标准化金融产品，并且结合自身数据的广度和对用户需求的把握，进行了相应的探索并已形成了阶段性成果，而具体的产品及形态会随着互联网金融的深入发展逐步向市场推出。

做最好的互联网金融平台是百度不断追求的目标，通过接口化、平台化战略，打通起始页、中间页、落地页，最终形成从金融需求方到产品提供方最短的撮合路径。

采/写　课题组　周媛

腾讯财付通胡启林：
微信支付的未来

腾讯一直很强调用户体验，财付通也在践行这一理念。公司在设计任何一个产品的时候，都是从用户的角度去思考。比如，这个产品能给用户带来怎样的价值，如何使用户很容易地理解这个产品，进而使用这个产品。这是腾讯在设计产品时一直比较关注的方面。为了提升用户留存率，增加客户黏性，我们会不断创新，包括产品体验的升级、调整或提高。同时，公司将从用户那里得到一些反馈，特别是用户在使用产品时的一些问题，这将促使我们对产品做进一步的优化。

最近，腾讯对外公布了微信公众账户也会开通支付功能的消息，也公布了关于微信公众账号接入微信支付的流程和政策。用户可以按照公众流程和要求去验证商户的身份或者验证企业的一些证件，然后开通微信支付。当然不是所有类别的商户都可以开通微信支付，首先需要一个真实性的确认。任何一个产品的发展历程实际上都是由市场决定的。比如说，无论线上商户还是线下商户都希望接入微信这个有海量用户的平台。

互联网金融的三大方向

互联网金融这个词其实有点大，但落实到具体的业务或者产量，基本上是三大方向，一是支付，二是理财，三是授信。当然授信的格局、方式有很多，比如说 P2P 贷款、众筹，也包括小贷、个人给商户贷款等。

在支付方面，财付通是国内领先的互联网企业。财付通 2013 年 8 月上线了一个产品——基于微信的微信支付，这个产品上线之后得到了非常好的市场响应，用户数、交易量成长得都非常快。2014 年 1 月，基于这个产品公司还做了一个应用，就是微信红包。这个产品在微信用户中的使用量也非常大。

从理财方面看，理财产品主要是满足用户理财的需要，也是微信平台提出的一个金融方面的服务。1月在微信平台上上线的一个产品——理财通，正是通过华夏基金去投放，使微信用户购买华夏基金的理财产品。

至于授信方面，也是腾讯现在研究的事情。腾讯在深圳前海成立了一家小额贷款公司，这个公司已经拿到了小额贷款的牌照和许可。2013年10月公司拿到了关于这方面业务的许可，目前在做相关的产品市场研究，还没有大规模公布产品。我们希望在现有市场环境下，借此小范围内尝试给一些商户提供一些服务。

互联网金融这个发展趋势，是否真的能取代传统意义上的金融呢？我觉得取代不了，因为互联网金融只是在渠道上的创新，实际上还是以前的金融产品和金融服务。互联网金融是符合国家普惠金融政策的，将现有金融服务通过互联网渠道带给广大用户。未来可能是互联网金融渠道和传统金融机构渠道并存的形式。

积极与金融机构合作

腾讯非常注重与传统金融机构的合作，实现共赢局面，比如与大型国有商业银行或者大型区域银行的合作。理财通实际上是跟基金公司合作，未来我们也会跟几家基金公司做类似的合作，同时也不排斥跟其他金融机构做一些新业务的探讨和创新合作。

最近国家发布了民营银行的试点政策，腾讯也参与了。目前腾讯参与了投资深圳一家银行的申请，关于产品的业务模式、运作模式，现在应该说还在学习研究的过程中，没有一个明确的方案。至于民营银行在哪些方面能做出差异化的创新，我们希望能和腾讯的优势相结合，还要看监管部门对这个市场的期望。

采/写　课题组　马文霄　孙弘驰

阿里小微金融服务集团（筹）理财事业部祖国明：
余额宝，挖掘草根的潜力

2013 年 6 月 13 日，阿里巴巴集团支付宝和天弘基金联合推出天弘增利宝货币基金，即余额宝。作为互联网和金融的跨界产品，余额宝也被视为阿里在金融领域再下一城，开始介入理财领域。在余额宝推出之前，大量支付宝用户在账户上存有资金，但却没有收益；余额宝的推出可以为支付宝用户提供一种便捷的投资理财方式，即在账上资金产生一定收益的同时，也不会有碍于其日常的支付，包括淘宝购物、水电煤缴费。同时，支付宝的基金业务一直在寻找一个新的突破，余额宝正是通过基金产品与支付宝账户的完美对接将用户的消费和理财需求整合在一起。可以说，余额宝的核心就是将支付宝的消费支付功能与货币基金现金管理功能结合起来。

积极开拓网络平台，打造一站式金融服务

余额宝首期支持的是天弘基金的增利宝货币基金。余额宝实际上是将基金公司的基金直销系统内置到支付宝网站中，当用户将资金从支付宝转入余额宝的过程中，支付宝和基金公司通过系统的对接为用户提供基金开户、基金购买等一站式服务，整个流程就跟给支付宝充值一样简单。

今后，余额宝作为一个开放的平台，对包括基金公司在内的金融产品、服务的提供者开放自己的平台，只要这些产品、服务符合用户的需求，余额宝就会将平台提供给合作伙伴，让他们在这个平台上进行产品的营销和推广。

明确规定投资方向，实现中长期稳健发展

天弘增利宝货币基金的投资方向一直是公众十分关心的核心问题，其实在支付宝与天弘基金的合作协议中关于基金的投资方向已经有了十分明确的规定。除了投资银行协议存款之外，该项基金还会以活期存款的形式留有部分资金用于现金头寸的管理；此外，风险水平较低的国债和一些高信用等级的债券（AA＋及以上）也是投资的重点，低信用等级的债券则完全不在投资考虑范围之内。

概括言之，支付宝与天弘基金在投资标的范围和等级上有着十分严格的约定，但在双方约定范围之外，天弘基金享有基金投资的自主权；在投资收益的目标设定方面，则是以在中长期内实现稳健收益为核心。

助力利率市场化进程，倾力服务"长尾"市场

随着越来越多的活期存款向余额宝转移，"余额宝推高了市场利率"的说法流传了开来。而与之相伴随的另一种说法则是"余额宝推动了利率市场化的进程"。其实 2012 年全年和 2013 年上半年货币基金的年化收益率只有 4%～5%；但从 2013 年下半年至今，货币基金的年化收益率曾达到 6% 甚至 7%，这主要是因为市场的资金面紧张，即当资金需求较之供给更为旺盛时，市场利率就会相应变高。

现阶段，传统金融机构包括商业银行也在利用互联网开展网络银行业务，但是这当中很少有能够结合互联网思维和互联网精神的服务。传统金融机构服务的对象也不同于互联网金融企业，依据二八原则，传统金融机构仅向占潜在客户总数 20% 的中高端客户群体提供服务，其余 80% 的"长尾市场"便成为互联网金融企业服务的对象。基于互联网思维和精神设计出的余额宝可以充分挖掘草根的潜力，通过完善用户体验和业务流程，不断降低交易成本，最终实现瞬间化理财。

加强合作双方信息沟通，提升流动性风险管理能力

天弘增利宝货币基金，可以算作国内第一只运用大数据进行投资管理的基金。具体来说，在每天三个固定时间点，支付宝一方都会把用户通过支付宝进行消费的数据提供给天弘基金的数据分析团队，后者会根据支付宝提供的消费数据进行分析，然后再由基金经理根据分析报告作出投资组合的变化。应该留出多少现金头寸、如何合理安排中长期投资组合，都是在利用每日提供的大数据的分析结果基础上作出的选择。

除了运用大数据进行流动性管理，双方的团队也会就用户方面可能出现的大量现金需求的情况提前进行沟通。比如，针对像淘宝、天猫每年定期（比如"双十一"、"双十二"）开展的大型促销活动，支付宝都会提前几个月将活动的大体方案和预计通过余额宝进行消费的数额提供给天弘基金的数据分析团队，以便后者做好流动性方面的准备。

采/写　课题组　周媛

Lending Club 创始人兼总裁 Renaud Laplanche：
Lending Club 就像 Amazon，
商业银行更像传统书店

2014 年 1 月，"互联网金融报告 2014"课题组在美国旧金山与美国最大的 P2P 公司 Lending Club 的创始人兼总裁 Renaud Laplanche 展开了一场对话。对于 P2P 公司的发展，Renaud Laplanche 尤其看重市场环境因素，比如利率市场化程度、法律法规和监管制度的完善以及信息系统的完备。

Lending Club 海外发展，英国是首选

课题组：中国拥有许多大型互联网金融公司，其中一些 P2P 公司也有着不俗的表现。与美国相似，P2P 公司在中国也拥有着广阔的市场。我们都希望听到您对于互联网金融的看法，也很希望有朝一日您能来中国看一看中国国内的互联网金融公司。当然，也非常欢迎您的公司将来在中国设立特许经销机构。

Renaud Laplanche：我们公司一直以来都有海外发展的想法。综合考虑后，一些进入门槛较低的国家，例如英国会是我们的优先考虑对象。一方面，英国不但利率市场化程度较高，而且其法律法规也与美国相似且完善。但另一方面，英国的市场规模相较美国显得略小一些。

信息资源制约中国 P2P 公司发展

课题组：Lending Club 在中国知名度很高。很多中国企业家都希望与您见面，并从 Lending Club 中学习成功的经验。不可否认的是，中美在商业模式和监管模式上存在很大的差异，但在这两方面，中国自身也在不断取得

进步和提升，现在来中国不失为一个与投资商会面的绝佳机会。中国国内最大的 P2P 公司——宜信（CreditEase）就是由一位从华尔街回国的中国人创办的。

中国的 P2P 公司至少在两方面与美国存在不同：

第一，与美国相比，中国缺乏相关的数据和信贷报告，因此我们很难只运用线上数据来分析机构的信用水平，故需要大量的人员从事尽职调查的工作；

第二，在 Lending Club 网站上有许多人借钱来还信用卡债，属于消费金融范畴；而在中国，相当数量的中小企业（SME）亟需的不是消费资金，而是商业启动资金。

Renaud Laplanche：除现有的大量公司信息外，我们还拥有基于互联网的众多信息源，这些信息源都会帮助我们更好地了解机构的信贷水平及其长期表现；当然，这些公司信息也能为消费者和其他商业机构所共享。

中国 P2P 公司的生长环境

Renaud Laplanche：当前，我们也在进行着业务的拓展，今后也会在消费信贷之外从事更多的商业贷款。

课题组：众多中小企业很难从银行机构获得贷款，这促使了大量非正式金融机构的产生，而 P2P 公司作为非正式金融机构的替代品也在其间获得了自身的不断发展。实际上，这些中小企业不仅有能力向 P2P 公司支付可观的利率，也拥有较高的信用水平和盈利能力。

不同于美国的是，中国的信贷报告系统并不十分完善，中国国内的很多中小企业没有完整的资产负债表和信贷记录，要想弄清楚某个企业的信用水平远不如在美国那样简单和直接。银行机构往往对中小企业兴趣不大，也不愿为后者去完善自身的服务，致使中小企业陷入了筹资难的困境，但这也为中国国内 P2P 公司的产生、成长和壮大提供了有利环境。

中国商业银行设立的 P2P 平台更受青睐

Renaud Laplanche：在中国，是否有银行机构在观察到 P2P 公司崛起的现象后也想要开拓中小企业贷款业务？

课题组：中国的一些大型银行，例如招商银行设立了自己的 P2P 平台。在它们的网站上，顾客既可以选择间接的放贷方式（银行作为中介机构），如存款；也可以选择直接的放贷方式（银行作为 P2P 平台）向实际需求方提供资金。与银行机构相比，没有最低资本充足率、最低法定准备金、最低流动储备要求的 P2P 平台更有竞争力，加之更大的利率浮动空间，致使越来越多的银行机构争相设立 P2P 平台。

有趣的是，投资者更加青睐由商业银行设立的 P2P 平台，因为考虑到有银行雄厚的资金作为后盾，投资者面临更低的违约风险。事实上，如果所有的商业银行都设立了自己的 P2P 平台，基于银行的 P2P 公司将逐渐成为该行业中的主导类型。

Lending Club 使贷款更易获得

Renaud Laplanche：Lending Club 不是使贷款变得更可获得，而是更易获得。精简的机构、低成本的科技，可以让我们提供比银行更低的利率。只有当中国的银行停止设立自己的 P2P 平台，互联网公司才能以低于银行的利率、更优惠的条件来获得贷款。

课题组：美国的商业银行当前可不可以开展自己的 P2P 业务？

Renaud Laplanche：事实上是可以的。但商业银行在这方面并无竞争力可言，因为它们提供的贷款利率要高于 Lending Club。打个比方的话，Lending Club 就像 Amazon，商业银行更像传统的书店。

Lending Club 开展中国业务的两种选择

课题组：是否有商业银行有意向将 Lending Club 的 P2P 业务逐渐纳入其业务范围？

Renaud Laplanche：确实有。但我们与银行并不是竞争关系，而是互惠与合作的关系。目前已有 7 家银行投资 Lending Club。除个人投资者以外，Lending Club 还与保险公司、养老基金等机构投资者（包括 7 家社区银行）进行合作。这些机构可以依托我们的 P2P 平台开展自己的业务。

课题组：中国市场广阔，无论是个人还是机构对于贷款的需求都十分旺盛；同时，大量的资金缺乏高效的投资渠道。银行存款只能获得每年 3% ~5% 的利息，投资股票风险又过高，受管制的外汇也使得跨境投资困难重重。鉴于前述情况，广阔的市场为 P2P 公司的产生和发展提供了有力的基础，越来越多的小型 P2P 公司应运而生。

互联网金融仍是监管盲区

Renaud Laplanche：当前中国的金融监管状况如何？

课题组：当前针对不同类型的金融机构，中国实行分业监管体制，分别设有银监会、证监会和保监会。中国人民银行负责货币政策制定、外汇管理以及人民币汇率政策。但新兴的互联网金融到目前为止仍旧是监管的盲区——无法确定到底该由银监会、证监会和保监会中的哪一方承担起监管的责任。以 P2P 公司为例，P2P 公司是该归为银行业还是证券业，至今仍无定论。时至今日，中国国内关于互联网金融还没有正式的官方文件出台。

第三方支付属于中央银行的监管范围。拥有第三方支付业务的互联网金融公司有阿里巴巴、腾讯、百度。这些公司由中国人民银行授权，获得了非金融支付许可，例如阿里巴巴的支付宝。

总的来说，中国国内互联网金融监管方面的法律法规有很多都是照搬美英的相关法律，仍有待完善。至于该行业的实际市场规模，也没有具体的数据可供参考。如上所述，中国的互联网金融还存在着诸多问题。

编/译　课题组　周媛

陆金所计葵生：
P2P 平台创造全新资源分配机制

互联网金融理念的广泛传播向传统金融行业发出了前所未有的挑战。在此轮互联网浪潮中，平安集团选择顺势而行，依托原有的线下金融业务，积极开展借力互联网的线上金融服务，立志将陆金所打造成国内领先的并具有重要影响力的金融资产在线交易平台。

打造两大在线交易平台，首推个人网络投融资服务

上海陆家嘴国际金融资产交易市场股份有限公司（陆金所）于 2011 年 9 月在上海注册成立。目前陆金所拥有针对个人用户的 Lufax 网络投融资平台以及针对企业和机构的金融资产交易服务平台两大交易平台。现有的 P2P 业务是 Lufax 平台首推的个人网络投融资服务。

"稳盈—安 e 贷"投融资系列是陆金所平台在 2012 年 3 月正式上线后首推的个人网络投融资服务。"稳盈—安 e 贷"投融资服务是在结合国际经验和本土特点的基础上，创新而成的 P2P 网络借贷模式。通过"稳盈—安 e 贷"，投资方（投资人）和融资方（借款人）可以快捷方便地完成投资和借贷。与其他 P2P 模式相比，"稳盈—安 e 贷"具有交易模式清晰、收益稳健、流动性高等优点，同时通过引入全额担保、第三方托管等手段，进一步保障了投资人利益。

搭建二级市场，实现高流动性

"流动性"是陆金所平台非常看重的因素，陆金所希望通过互联网技术，让出借人在获得投资高收益的同时，也能获得充分的流动性。

217

正是基于以上考虑，陆金所推出了"稳盈—安 e 贷"二级市场债权转让服务。只要出借人持有"稳盈—安 e 贷"满 60 天，就可以通过 Lufax 平台进行债权转让。这不但使出借人的投资具有了更高的流动性，也有效地降低了流动性风险。通过搭建二级市场，陆金所让出借人享受到了门槛更低、周期更短的服务。

重视分析客户地域分布特点，全面把握 P2P 业务发展趋势

为了更好地为借款方和投资方服务，陆金所还会依据借贷数据就两类服务对象在地域分布上的特点做详尽分析。以 P2P 业务为例，借款最活跃的城市大概有四十个，主要是二三级城市，比如东部的台州以及中部的成都、重庆；与此相对应，投资最活跃的城市则是上海、北京、广州、深圳等一线城市，其投资量占总投资量的 50% ~ 60%。总体而言，P2P 平台创造了一个全新的资源分配机制，使得更为富裕的一线城市把资源分配给二三级城市成为了可能。

图 5 为陆金所现有 P2P 业务的地域分布情况：

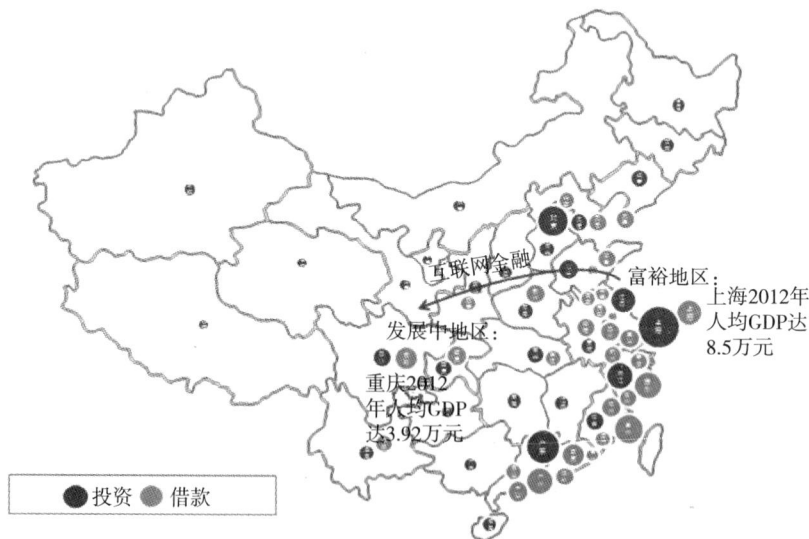

图 5　陆金所现有 P2P 业务的地域分布情况

不断完善风险管理数据模型，积极组建国际化专业风控团队

平安集团拥有十多年的综合金融经验。依托 7000 多万客户形成的大数据，陆金所开发了一套个人金融消费风险管理数据模型。这套模型先后应用于美国和中国台湾市场，如今在国内也在不断调整，逐步完善，以适应本土市场。至于该模型背后的技术，简单地说就是对所有客户在其最开始申请注册时，就进行相应的评级，然后分类，最后再按照这个分类进行定价。除此以外，陆金所及其合作的担保公司还组建了国际化专业风控团队，该团队邀请来自美国和亚洲的 100 多位风控专家加入，对平台进行严格的风险管理。为防范欺诈风险，陆金所针对借款人全部采用线下验证方式，即要求借款人到指定地点进行身份验证及资料核对后再统一上传到后台进行风控审核。

实现资金专业托管，加强网络安全建设

目前，国内的 P2P 网贷平台的资金处理，多是以资金池模式来收取自有资金之外的借贷双方的资金，资金所有权的转移均通过 P2P 网贷平台自有资金账户完成，该做法既不透明，也不利于监管。不同的是，陆金所始终坚持严格分离客户资金和平台自有资金，委托拥有资质的第三方支付机构进行资金管理。

在重视资金安全的同时，陆金所也从未忽视网络安全，如何保护用户个人信息和支付交易数据是陆金所网络平台建设的重点。陆金所聘请拥有多年互联网开发、运营经验的专业人士加入 IT 开发团队，为用户搭建一个安全、稳定、便捷的网络操作平台。

表2　　　　　　　陆金所"稳盈—安 e 贷"的具体说明

借款金额	1 万 ~30 万元人民币	最小金额为 1 万元人民币
预期回报	预期年化利率 8.4% 以上	预期年化利率为中国人民银行同期基本贷款利率上浮 40%

续表

借款金额	1 万 ~ 30 万元人民币	最小金额为 1 万元人民币
本息返还方式	等额本息，按月还款	每个月收回相等金额的资金，包括部分本金和当月利息
投资期限	一般分为 1 年、2 年、3 年期	12 ~ 36 个月
风险说明	全额本息担保	所有"稳盈—安 e 贷"的个人借贷均由中国平安旗下担保公司承担担保责任。若借款方未能履行还款义务，担保公司将对未偿还的剩余本金和应付利息与罚息进行全额偿付
流动性	陆金所提供"稳盈—安 e 贷"债权转让服务，提高出借人资金流动性	1. 债权出让人持有该借款债权至少满 60 天 2. 该借款债权剩余还款期数至少还有 3 期 3. 在转让申请日，该借款债权不能处于逾期状态 4. 陆金所届时合理要求的其他条件

采/写　课题组

人人贷李欣贺：
人人贷，为了让每个人都能够平等、
有尊严地享受金融服务

"使每个人能够平等、有尊严地享受金融服务"是普惠金融的核心理念，也是人人贷的始终的追求。人人贷创业团队是国内最早捕捉到互联网大众传播的普惠性与专业金融服务结合所带来商机的创业团队之一。以中国和印度为代表的发展中国家具有人口基数大、经济发展迅速的特点，这种大环境下催生的小额信贷需求具有巨大的潜力，为国内互联网信贷平台的发展提供了良好的土壤。服务草根除了是人人贷的基本定位，更是普惠金融理念的核心体现。与传统金融机构相比，互联网信贷平台通过充分发掘小额用户的市场潜力、做好营销的提前布局，可以使用户范围进一步扩大、用户粘性进一步增强。

精准定位两类用户，不断进行产品创新

人人贷从早期的创业时期到 2013 年末的 1.3 亿美元全球互联网金融最大规模的融资，在此期间，公司的运营模式经历了不断的改革和创新，通过前瞻的市场布局和准确的市场定位逐步建立起了成熟的商业模式。

P2P 网络借贷平台实质上是为有小额资金需求的借款人和有理财需求的理财人提供服务的线上平台。借款人锁定在个体经营户、小微企业主、网店店主，且借款金额多为万元级别，这一群体具备一定的还款能力和较好的还款意愿，但由于他们的借款额度小，其融资需求往往无法从银行等金融机构得到满足；理财人则定位在一二线城市的白领群体以及收入较高的工薪人士，这一群体有一定的财富积累和投资理财经验，但同时面临投资

渠道匮乏的问题，从某种意义上来说 P2P 网络借贷是其投资理财渠道有益的补充。通过上述市场定位可以有效控制借款人质量，降低借款人的违约风险，同时促进理财人的活跃度。

人人贷 2013 年年报显示，2013 年人人贷平台成交量接近 16 亿元人民币，除了准确的人群定位以外，不断创新也是推动成交量攀升的重要原因。人人贷在 2012 年推出的"优选计划"极大提升了用户操作上的便捷性和资金的利用率，堪称行业首创，随后，2013 年推出了"债权转让"，其交易机制极具金融属性，进一步增强了平台的专业度，同时为用户的资金提供了很好的流动性。

在互联网借贷平台层出不穷的今天，互联网金融公司的核心竞争力在于对客户群的准确定位和对客户的深入洞悉，如何通过交易数据和交易偏好完善以用户为导向的产品设计机制才是保证在激烈竞争中生存下来的制胜法宝。

实现全面风险管理，强化网络信息安全

人人贷的风控中心独立建设于上海，其风险管理主要体现在对借款人还款能力和还款意愿的考察，以贷前信用分析、贷中电话调查、贷后跟踪管理为主线，建立起风险备用金制度，保证理财人的资金安全。而"小额"所带来的分散化效应则是人人贷之所以能够保证其良好业绩的关键。除此之外，"债权转让"交易制度的推出有效地搭建起了基于互联网信贷平台的二级市场，提高了资金的流动性。

平台的稳定性不仅有赖于专业化的风险管理，互联网信息安全也尤为关键，如何保护用户信息和交易数据是人人贷建设的重点。除了购进第三方专业软件，人人贷更多的是依靠自己的团队来完成信息系统的建设，以实现业务需求和软件功能的完美对接。

深化产业链合作，推动征信体系建设

合作共赢的经典模式同样适用于人人贷，通过与专业化的小微信贷公

司、贷后管理公司和支付结算公司合作，人人贷在发挥自身优势的同时，有效地整合了产业链资源。

　　除了充分发挥自身资源整合的能力之外，人人贷在其发展过程中也致力于帮助促进和完善国内的个人征信系统。不同于西方发达国家，我国个人征信体系建设尚不完善，制约了整个信贷行业的发展。如何在业务推进的同时，多方联手推动信用数据的整合和共享是业内诸多企业正在努力探索的方向。互联网信贷平台需要通过不断的改革和创新，坚持以客户为中心，设计出多元化的在线产品以满足借款人和理财人的双重需求，从而建立起一个"平等、开放、分享、协作"的互联网金融大环境。

　　　　　　　　　　采/写　课题组　陈超　周媛　肖瑶

云基地大数据实验室郑毅：
未来是大数据的时代

利用孵化基金进行创新

在新的时代环境下，发展新的行业需要新的组织架构、合作模式、投资模式，在这种背景下，云基地大数据实验室成立于 2012 年 12 月，依托于北京云基地，在宽带资本董事长田溯宁先生的支持下，以创新的模式进行大数据方向的尝试。以投资为牵引，利用业界影响力和纽带作用形成人才、数据以及其他相关业务资源汇聚的平台，采取开放的心态和灵活的运作模式培育产业环境，在运作的一年半时间里，已初具影响力。

大数据创新商业模式

未来时代是大数据的时代，大数据时代的经济模式和传统经济存在较多不同，影响范围比互联网更广，着重用数据提升企业效率、为企业提升价值、为企业创造新的商业模式。大数据时代的优势在于，由于直接为数据使用方提供价值，价值产业链更短，同时可渗透到各个行业，对社会变革具有巨大影响。大数据时代的实现需要产业环境的形成，人才、数据、资源的聚集，对人才的要求也会更高。

大数据时代的到来会对人类未来思维模式产生影响，同时大数据时代的开放性要求组织架构的变革、业务结构变革、观念变革和利益的重新划分。大数据时代技术是挑战，但更要求管理模式的相应调整，需要进一步探索尝试投资、孵化和研究相结合的模式，可作为一种创新思路推动产业的发展。

大数据助力银行业提升效率

大数据对银行业的帮助主要体现在提高运营效率和提升 CRM 水平方面。银行业目前有纸化票据的存储、查询、检索十分复杂，大数据技术可提供非结构化数据处理平台，利用低成本实现无纸化，提高运营效率。银行业目前的 CRM 需要对客户进行细分，力图对高端客户提供个性化服务，维系沟通成本很高。

而客户细分只能采用存款额等粗略、单一的指标，现在在大数据技术的帮助下，除了存款信息，还可利用交易信息。因此银行希望利用网上商城等更多样化的形式采集信息，向前端延伸，从而能够为客户提供更精细化的服务。

针对地方银行设立社区银行的问题，大数据能够协助选址，解决如何根据客户群提供差异化服务的问题。之前普遍采用的专家法，数据片面，选择效率不高。现在在大数据技术的协助下，银行可结合外部数据源，利用互联网数据，通过行业合作，取得内部数据，从而提高选址的科学性。

在信用评估方面，大数据也有用武之地。之前进行信用评估，对客户很难有全面的了解，一般只考察现有经济能力、未来预期和还款意愿，方式简单。现在如果利用大数据方法，可获得更多的外部数据源，如购物习惯、网络行为、生活方式等信息，形成差异化评估方法，可在一定程度降低风险，提高效率。在国外，有些企业利用三个月话费单对用户进行信用评估，取得了不错的效果，大数据技术为没有信用记录或存款记录的用户提供了评估和担保的可能。大数据或者互联网金融的目标是为更广泛的客户提供更高效的服务。

大数据与传统行业合作，创新数据应用模式

企业想要自行采集数据很难实现，采集成本较高，与第三方合作是很好的选择。有些第三方机构专门做数据采集和平台构建，例如"数据堂"，其专攻数据共享、交易和交换。此种方式可作为互联网金融的重要数据来源。

传统行业由于制度限制、思维模式限制，很难自行进行业务创新。大数据平台可与传统行业合作进行创新，产生新的数据应用模式。传统商务智能更关注体系内的数据获取、存储、分析，为企业内部业务部门提供服务。随着互联网和大数据的兴起，数据来源多元化。针对同一信用评估模型或者营销推介算法，传统上是寻找单个集成商进行处理，选择余地很低，无法确定集成商方案的最优化。大数据时代提高了各层次开发者参与度，充分利用网络资源，提高竞争性，注重开放理念。

大数据的未来布局思考

国外大数据公司有 800 多家，而国内相关企业相比要少得多，国外技术氛围领先于国内，在大数据技术发展方面国内依然偏向跟随国外方向。但中国作为大国，应用问题比较具体和特殊，用大数据真正解决实际问题很可能产生直接价值，比如利用大数据保证国家粮食安全，中国在大数据的业务应用上存在创新的可能。

针对大数据企业面临的数据缺乏问题，以云基地为代表的大数据平台着力于数据源的合作，力求未来形成基础数据集、降低大数据企业创业成本。同时通过业务模式创新，为企业提供之前难以获得的传统行业数据。云基地在大数据方向的布局，不仅是投资也是平台。

大数据时代不会只是十几家大企业来管理，而是一般科研团队和创业者都可以进行运作。在这种情况下，大数据可成为一个很好的平台，多个数据运营商，通过数据的监管来维护较好的生态环境，在数据共享的大框架下开发自己的数据产品。售卖了数据产品以后，数据开发者和运营商可以进行分成，当然也允许在某种情况上进行数据的即时交易。在这种情况下，才有可能真正把最聪明、最有创造力的人吸引过来，在平台上开发新的产品，把最聪明的点子放上去。

采/写　课题组　马文霄　李晨

新华人寿保险股份有限公司杨澍：
探索中国式互联网寿险模式

目前国际上比较成熟的互联网寿险模式主要有厂家直销、中介销售平台和咨询比价（针对销售线索或销售机会的经营），我国寿险的线上销售方式集中在厂家直销和中介销售平台两种。

鉴于多数寿险产品较为复杂，在线销售难以实现，厂家互联网直销大多为产品结构较为简单、金额较小的险种和保障功能较低的理财类产品。前类产品通过厂家直销的方式虽能保证一定的利润率，但难以形成较大规模。而后一类产品基本处于赔本赚吆喝的状态。

我国的寿险中介销售平台分为以中民、惠择为代表的专业性平台和以携程、淘宝为代表的综合性平台。与厂家直销相比，中介平台虽能一定程度上解决用户覆盖率和产品规模的问题，但由于多为通道类业务，利润贡献比例较小。

因此，就不难理解国内互联网热卖险种的集中趋势了，要么是拼低价的简单消费险，要么是拼高回报的理财类保险。

避免走向通道化，盈利模式有待探索

盲目地通过第三方平台扩大业务范围和规模，缺少可持续性的盈利模式，容易让寿险的网销逐渐走向通道化，从而丧失保险公司的议价能力和保险产品保障功能的本源属性。

与国内不同的是，在北美和欧洲的发达国家比较常见的还有咨询比价模式，比价模式的典型如英国的 SuperMoneyMarket。咨询模式有一种常见模式是为保险公司导入销售线索，在北美比较典型的网络咨询公司如 Bankrate

和 Mint，它们通过充分利用基于互联网的客户行为数据与信用数据，在线产生销售线索，形成转介绍，由产品供应商自行完成销售。这一方式可以有效提升产品销售的转化率，但目前在国内尚非主流。

我们期待通过积极地学习交流和探索，探索出适合我国国情的、成熟和可持续发展的互联网寿险模式。

利用互联网技术优势，改善传统盈利模式

正如阿里小贷能够充分利用淘宝平台用户数据所形成的比较优势，大数据背景下的数据挖掘对于保险公司掌握客户需求、有效细分客户群体，并进行精准营销至关重要。

国内保险公司传统"大进大出"的增员模式，是基于我国寿险市场早期的固有特色自然形成的。虽在历史上创造了寿险业的高速成长，但从长期管理来看已面临着较严峻的发展瓶颈：各家公司都面临着难以招募到较高素质的业务员、低端客户占比较大、社会形象欠佳等诸多困难。

如果能够有效利用互联网获取的海量客户信息，建立以客户需求为导向、以客户细分为基础的销售服务体系，利用更为清晰的客户脸谱进行精准营销和差异化服务，将有效提高用户转化率；同时也可以通过增强用户信息管理，提高线下销售代理的效率，淘汰低效环节，进而帮助保险公司逐步提升盈利水平，转变行业形象。

在我国，一些保险公司正尝试通过建立电子商务公司，提升市场营销能力，改善客户体验。未来也会持续进行更深层次的探索，比如利用互联网，辅以电话中心，结合线下销售团队，来逐步打造公司 O2O 的营销服务能力。

以客户为中心，增强内力是关键

互联网给人们的生活所带来的影响是巨大的，新浪微博以及微信在短时间内获取亿量级客户便是最好的例子。然而对保险公司而言，在互联网、大数据时代，面对海量客户信息，如何成功提高客户转化率仍是最核心的

问题。以寿险为例，无论是业务员推销、电销还是网销，目前来看，转化率都比较低。

保障和长期储蓄以及在此基础上派生出的专业财务咨询规划，是寿险给客户提供的核心功能和服务。围绕这三个核心功能，保险公司必须在其价值链上的每个环节打造其相应的专业能力。这包括市场细分与机遇分析、客户洞见与需求分析、产品规划与风险定价、渠道营销与品牌推广、运营优化与成本控制、资本使用与投资规划、与此相对应的全面培训等。建立以客户为中心的经营理念，同时积极利用互联网等现代信息技术提高经营管理效率，在上述价值链上不断自我提升，实现线上线下优势互补，是保险行业未来健康发展的趋势。

总之，在互联网快速发展的今天，传统金融行业资产负债的久期匹配、风险定价、投资能力、风险管理的核心竞争力依然存在，寿险公司应避免面对互联网大潮过度慌乱或完全漠视这两种极端态度，保持开放的心态，积极探索学习，真正贯彻以客户为中心的服务理念，提升行业的总体服务水平。

采/写　课题组　马文霄　周媛　肖瑶

天使汇兰宁羽、姚嘉：
天使汇，以股权众筹的方式
实现天使投资

"众筹"这个概念在国内出现的时间不长，也不如"P2P"那么引人关注。其实"众筹"本身并不复杂，涵盖的范围也很广泛，包括捐赠类众筹、预售类众筹、债权众筹、股权众筹。天使汇并不是一个单纯做"众筹"的网站，众筹只是天使汇进行项目融资的方式，准确地讲，天使汇是一个在线投资社区，旨在发挥互联网的高效、透明的优势，迅速找到用户的"痛点"，再通过新型的标准化的合约，实现创业者和天使投资人的快速对接，以帮助更多伟大的想法成为真正改变人们生活的产品。兼顾两类用户，提供全流程专业化服务。天使汇作为一个在线投融资平台，用户主要分为两类：一类是创业者，他们向天使汇网站提供自己的创业想法和项目，天使汇会根据一定标准对这些项目进行审核，审核通过后将这些项目提交到前台来进行融资；另一类是天使投资人，天使汇对天使投资人的要求比较严格，首先要求投资人对股权投资的特点非常了解，其次要求投资人具有长期的投资经验，能够对项目的风险和可行性进行辨别。

在创业者和天使投资人达成合作意向之后，天使汇将协助双方进行约谈，并对创业者进行专业的指导，包括产品描述和商业计划书的撰写，在项目融资的整个过程中天使汇都会提供相关的专业服务，项目完成首次融资后，天使汇也会持续关心项目的发展状况。此后天使汇将逐步提供包括法律服务、在线工商快速变更、对接全球资本市场等在内的全流程服务，让创业者的所有手续都能在互联网上解决。

激活创投市场，开展线下宣传推广活动

截至 2014 年 1 月底，在天使汇后台注册的项目有 1.5 万多个，其中通过审核提交到前台进行融资的有 1800 多个项目，在过去的一年中，有 80 多个项目完成了融资，可以看出项目完成融资的比例相对较低。

究其原因，主要有两点：第一，天使投资在我国发展的程度不足；第二，目前国内具备天使投资人条件的投资者数量太少。事实上，国内企业对创业投资的需求很旺盛，但由于信息不对称，信用体系、激励机制不完善等问题，需求没有完全被激活。未来天使汇等在线众筹融资平台的主要任务，就是以互联网思维解决投融资困境，激活天使投资市场。

天使汇计划在未来开展更多的线下活动来增进公众对于天使投资的了解，具体形式包括创业项目的路演和设立项目孵化器。创业项目的路演既给了创业者展示自我的机会，又让投资人切身感受到创业项目的魅力，这将使得更多的投资人了解天使投资，并且加入到天使投资人的队伍中来。除此以外，天使汇为了让更多优秀的创业项目找到合适的资金，筹划建立线下的项目孵化器，通过设立专业的创业导师对创业者进行指导，推动项目进行融资，并最终帮助创业者完成创业。

采/写　课题组　马文霄　孙弘驰

附录一 上海新金融研究院简介

上海新金融研究院（Shanghai Finance Institute，SFI）是一家非官方、非营利性的独立智库，致力于新金融领域的政策研究。研究院成立于 2011 年 7 月 14 日，由中国金融四十人论坛（China Finance 40 Forum，CF40）举办，与上海市黄浦区人民政府战略合作。研究院的业务主管单位是上海市金融服务办公室，登记管理机关是上海市社团管理局。

研究院的宗旨是：探索国际金融发展新趋势，求解国内金融发展新问题，支持上海国际金融中心建设。作为独立、专业、开放的现代化智库，上海新金融研究院努力提供一流的研究产品和高层次、有实效的研讨活动。研究院业务主要包括：SFI 闭门研讨会、上海新金融年会、互联网金融外滩论坛、课题研究、《新金融评论》、新金融书系、媒体专栏、学术论文等。

中国金融四十人论坛是一家非官方、非营利性的独立智库，专注于经济金融领域的政策研究。论坛成立于 2008 年 4 月 12 日，由 40 位 40 岁上下的金融精锐组成，即"40×40 俱乐部"。本智库的宗旨是：以前瞻视野和探索精神，致力于夯实中国金融学术基础，研究金融领域前沿课题，推动中国金融业改革与发展。

附录二 上海新金融研究院
组织架构与成员名单（2015 年）

研究院顾问委员会成员（按姓氏拼音排序）:

1　方星海　中央财经领导小组办公室国际经济局局长
2　胡怀邦　国家开发银行董事长
3　姜　洋　中国证券监督管理委员会副主席
4　屠光绍　中共上海市委常委、常务副市长
5　王　江　美国麻省理工学院斯隆管理学院金融学教授
6　吴晓灵　全国人大财经委副主任委员、中国人民银行原副行长
7　阎庆民　天津市副市长
8　易　纲　中国人民银行副行长、国家外汇管理局局长
9　袁　力　国家开发银行副行长

研究院理事长:

　　万建华　国泰君安证券股份有限公司董事长

研究院副理事长:

1　郑　杨　上海市金融服务办公室主任
2　王海明　中国金融四十人论坛秘书长

研究院常务理事（截至 2015 年 2 月，按姓氏拼音排序）:

1　陈继武　上海凯石益正资产管理有限公司总经理

研究院学术委员会主席：

钱颖一　上海新金融研究院院长

研究院学术委员会成员（按姓氏拼音排序）：

1　李迅雷　海通证券首席经济学家

2　连　平　交通银行首席经济学家

3　廖　岷　中国银监会上海监管局局长

4　马　骏　中国人民银行研究局首席经济学家

5　缪建民　中国人寿保险（集团）公司总裁

6　张　春　上海交通大学上海高级金融学院执行院长

7　郑　杨　上海市金融服务办公室主任

8　钟　伟　上海新金融研究院副院长

研究院监事长：

许　臻　上海清算所董事长

研究院监事会成员（按姓氏拼音排序）：

管　涛　国家外汇管理局国际收支司司长

研究院院长：

钱颖一

研究院副院长：

钟　伟

研究院常务副院长：

王海明